中非农业合作研究

高贵现 / 著

河南人民出版社

图书在版编目（ＣＩＰ）数据

中非农业合作研究 ／ 高贵现著 . 一郑州 ：河南人民出版社, 2016. 12
ISBN 978 - 7 - 215 - 10264 - 4

Ⅰ . ①中… Ⅱ . ①高… Ⅲ . ①农业合作 - 对外经济合作 - 研究 - 中国、非洲 Ⅳ . ①F32②F125.54

中国版本图书馆 CIP 数据核字（2016）第 144404 号

河南人民出版社出版发行
（地址：郑州市经五路 66 号　编辑邮箱：313137877@ qq. com　电话：65788050）
新华书店经销　　　　　　河南文华印务有限公司印刷
开本 680 毫米 ×960 毫米　　　1 / 16　　印张 13.25
字数 200 千字
2016 年 12 月第 1 版　　　　2016 年 12 月第 1 次印刷
定价：45.00 元

总　序

　　哲学社会科学作为中国特色社会主义事业的重要组成部分,在认识世界、传承文明、创新理论、资政育人、服务社会等方面发挥着重要作用。为充分调动广大社科工作者的积极性、创造性,鼓励社科界多出成果、多出人才、多出精品力作,更好地服务于经济社会发展,为全面建成小康社会、加快中原崛起河南振兴富民强省提供精神动力和智力支持,河南省社会科学界联合会自 2010 年起设立"河南社会科学文库"资助出版项目,对入选的优秀成果,统一标识,统一版式,统一封面设计,由河南省社会科学界联合会提供全额资助,交河南人民出版社统一编辑出版。至今,已出版六辑共 60 余册。

　　2016 年是全面实施"十三五"规划和全面建成小康社会决胜阶段的开局之年。面对复杂的外部形势、艰巨的改革发展稳定任务,省委、省政府团结带领全省广大党员干部群众,紧密团结在以习近平同志为核心的党中央周围,深入贯彻党中央治国理政新理念新思想新战略,统筹推进"五位一体"总体布局和协调推进"四个全面"战略布局,坚持创新、协调、绿色、开放、共享的新发展理念,聚焦中原崛起河南振兴富民强省,在抢抓机遇中乘势而上,在转型攻坚中砥砺前行,取得一系列重大突破。河南发展势能蓄积壮大、地位形象显著提升、影响力不断扩大,全省人民自豪感、自信心、凝聚力明显增强。与此同时,河南社会科学理论界围绕中心、服务大局,紧密结合经济社会发展中的重大理论与现实问题,认真思考,深入研究,推出了一批丰硕的研究成果。

为展示河南哲学社会科学研究成果,鼓励更多的社科工作者进行理论创新,我们在总结前几年经验的基础上,策划出版2016年"河南社会科学文库",包括《人学视角的现代思想政治教育研究》《检察权与人权保障研究》《马克思主义经济学研究在美国》《我国知识产权文化培育研究》《河南乡土文化资源产业化研究》《河南杂技文化史》《谶纬与魏晋南北朝文学研究》《古文〈尚书〉文系年注析》《中非农业合作研究》《跨境电子商务价值创造与测度研究》等10部著作。这些作品从不同角度、不同侧面反映了河南哲学社会科学的研究水平,展现了特定历史时期河南省社会科学工作者的探索和思考。

展望2017年,河南省十次党代会描绘了河南发展的美好蓝图,党的十九大即将胜利召开。新形势下,哲学社会科学地位更加重要、任务更加繁重。广大哲学社会科学工作者要以高度的政治责任感和强烈的历史使命感,围绕推进中原智库建设,塑造中国特色哲学社会科学的中原品牌,积极述学立论、建言献策,担负起历史赋予的光荣使命,以优异成绩迎接党的十九大胜利召开。

河南省社会科学界联合会

2016 年 12 月

前　言

　　中非关系在中国的对外关系中历来占有重要地位。2013 年，中国国家主席习近平在结束了对俄罗斯的成功访问后，随即出访坦桑尼亚、南非和刚果共和国，并在人民大会堂会见出席中非部长级卫生合作发展会议的代表时表示"中非友谊比黄金还要宝贵"。由于农业在中非国家的重要性，中非农业合作是中非关系中历史久、潜力大且困难多的合作领域。21 世纪以来，中非农业合作的发展逐渐落后于其他领域，因此有必要对中非农业合作的发展历史和面临的主要困难进行整理和分析，以期对未来中非农业合作的深化发展提供有益的启示。

　　经过半个多世纪的发展演化，中非在农业领域已形成了多层次、多渠道、多形式的合作和交流，因此，整理和分析中非农业合作的发展历史和面临的主要困难需要分模式进行。历史上，中非农业合作的模式主要有农业发展援助、发展援助与经济合作相结合、国际经济合作、农产品贸易和多边农业合作等模式。结合中非农业合作的潜力和发展趋势，找准研究重点和难点，使研究更有效率和实际意义，本书主要集中于中国对非洲的农业技术传递、中国对非洲农业的直接投资和中非农产品贸易三个方面。此三种模式囊括了中非农业合作的主要部分。

　　中国对非洲的农业技术传递是中非农业合作的基础，对中非农业合作的其他模式具有重要的促进作用，中国也把对非洲的农业技术传递作为中非农业合作的首要工作。目前中国对非洲实施农业技术传递的主要载体是中非农业技术示范中心。中国企业对非洲农业直接投资是中非农业合作的重要模式。在中国对非洲实施优惠贷款援助不断加强的情况下,对非洲实施发展援助和经济合作相结合的模式还会长期存在。不过对于开发非洲农业资源来说,中国企业对非洲农业直接投资更有效率,有更广阔的发展空间,面临的问题和困难也更多。中非农产品贸易最近几年获得了长足发展,不过在中非贸易中仍然只占很小的比例。中国对非洲的农产品贸易保持顺差,怎样通过对非洲的投资,改变进出口不平衡的状况,是中非农业合作中的一个重要问题。

对以上模式的分析需要到非洲国家进行实地调研,不过由于时间和空间的限制,我们仅调研了埃塞俄比亚和莫桑比克两个非洲国家。中国对非洲农业技术传递的分析主要基于对埃塞俄比亚奥罗莫州津奇地区农户的微观调研,对中非农业技术示范中心的分析主要基于中埃农业技术示范中心和中莫农业技术示范中心;中国对非洲农业直接投资的分析主要基于湖北省某农业集团在莫桑比克林波波河流域几十万亩土地的农业投资。调研对象的选择力求具有代表性和典型性。

本书力求从"中非双方"的角度对中非农业合作模式的困难及原因进行分析,从"非洲切实需要什么"的角度来分析,改变以往单纯的"中国能为非洲做什么"的分析思路。比如分析中国对非洲的农业技术传递,要考虑非洲农民对中国农业技术的接受能力;在对中非农业技术示范中心的分析中,不仅要展示中国最先进的农业技术,更重要的是发展出适合当地农户使用的农业技术;在分析中国对非洲农业的直接投资时,应考虑当地的法律、制度和民俗习惯的制约;在对中非农产品贸易的分析中,不仅要考虑非洲市场对中国农产品出口的作用,还要考虑中国市场对非洲农产品出口的作用。因为中非农业合作的成效取决于中非双方共同的努力和实际行动。

本书的创新点主要有以下几个方面:(1)研究内容的创新。本书在前人对中非农业合作较零散的研究的基础上,对中非农业合作的概念,合作模式面临的机遇和困难以及各模式之间的联系进行了系统的梳理和分析。（2）研究角度的创新。从非洲的角度去考察中非农业合作成效问题的研究还不多见。不仅是中国与非洲的援助和合作，就是世界很多国家对非洲的援助和合作大都是从援助国的角度去评判援助和合作的效果。援助效果的评价系统和标准主要来自作为援助方的各地区、组织或者其委托专业机构所作的评估和评价，很难看到受援方的评估材料或者报告。所以本书的研究角度和研究结论可以拓展国际援助理论和援助效果评价体系。（3）研究方法的创新。目前对于非洲农村农业的研究还较少有非常深入细致的调研。课题组成员在非洲考察的三个月内，深入到非洲的农村进行考察，体验非洲农民的生活，努力融入非洲农民的生活习惯中去。理论分析加上深入的实地考察为本书研究的实践指导意义提供了保证。（4）埃塞俄比亚农业生产的第一手数据。通过深入的农户问卷调查，获得了关于埃塞俄比亚农村农民和农业的第一手数据。该数据对于研究埃塞俄比亚的农业问题和中国和埃塞俄比亚的农业合作都有重要的参考意义。

　　本研究得到了国家自然科学基金、湖北省农业厅、华中农业大学经济管理学院、中埃农业技术示范中心、中莫农业技术示范中心、湖北省某农业集团等单位的大力支持和帮助，得到了课题组游良志教授、周德翼教授和朱月季博士的大力支持和帮助，在此一并表示衷心的感谢。

　　由于作者水平有限，书中疏漏和不当之处在所难免，敬请各位专家和读者不吝赐教，以便及时修订改正。

高贵现

2015 年 12 月

目　录

第一章 绪 论

一、研究背景

在世界经济全球化的背景下,非洲在世界政治和经济舞台上扮演着越来越重要的地位。一方面,非洲大陆拥有 50 多个国家,在联合国等多边机构事物的投票中有着不可忽视的作用,不少发达国家和新兴发展中国家希望拉拢非洲国家以增加其在联合国等多边机构中的影响力;非洲拥有丰富的石油等矿产资源,也拥有极其丰富的农业资源,世界各国和国际社会的发展更加关注能源安全和保障,国家能源战略博弈把非洲推上新的地位;另外,世界各国对自身的发展及所处的发展环境给予更多关注,国际社会希望不断改善非洲贫穷落后的面貌。另一方面,非洲也逐渐展现出了巨大的发展潜力,自 21 世纪以来,在世界经济整体发展动力不强的情况下,非洲大陆的经济保持了每年 5% 左右的快速增长;伴随着《非洲发展新伙伴计划》的提出和非洲联盟的成立,非洲展现出了自身寻求发展的希望和内部动力。非洲经济的发展对世界各国来说也都是难得的发展机遇,所以世界各国都在不断以对非援助为先导,加强与非洲的国际合作和交流,增加其在非洲大陆的控制力和影响力。

中国政府和领导人历来重视与非洲的友好关系和合作。中国与非洲相似的历史发展过程,使得中国和非洲的国家很容易走在了一起,并在各自的反对帝国主义的民族解放战争中相互支持。独立之后很快建立了外交关系,并在世界的舞台上共同反对帝国主义的经济封锁,在争取更好的国家发展环境的过程中建立了深厚的友谊。从 1991 年起,中国外长每年首次正式出访均选择非洲为目的地,中国主要领导人也几乎都访问过非洲。中国新任国家主席习近平在结束了对俄罗斯的成功访问后,随即出访坦桑尼亚、南非和刚果共和国,并在人民大会堂会见出席中非部长级卫生合作发展会议的代表时表示"中非友谊比黄金还要宝贵"。在非洲双方的共同推动下,尤其是在中非合作论坛等合作机制的推动下,中非在各领域的合作都取得了丰硕的成果。

中非农业合作是中非经济合作的重要组成部分。中非农业合作在中非合作中处于基础且重要的地位。农业在中非双方都是基础且重要的产业,并且中非双方的农业都是以小农为基础的生产组织方式,这使得中非农业合作有更多的基础和可能性。所以中非农业合作先于中非其他领域的合作,如今已有 50 多年的历史。在这 50 多年的中非农业合作历程中,为了追求实效,中非农业合作不断探索新的合作模式。现如今中非农业合作的模式主要有中国对非洲的农业技术传递、中国农业企业在非洲直接投资和中非农产品贸易等三个模式。

中非农业合作优势互补,拥有巨大的合作潜力。非洲拥有世界上60% 的未开发土地,且土地肥沃,而相对缺乏实用的农业技术。农业依然是非洲国家具有比较优势的产业。如果非洲国家想发展经济,必须从自己具有比较优势的产业开始,从具有比较优势产业的发展中积累资本,慢慢实现产业升级,这也是很多非洲国家对中国农业深感兴趣的原因。而对于中国的农业来说,农业技术已经非常成熟,但囿于农业资源匮乏。中国农业企业必须充分发挥自身的优势,积极利用国外的农业资源,开拓发展空间。中国企业利用中国对非洲的农业援助项目,实现"走出去"的战略目标。

中非农业合作虽然历史悠久,不过发展中面临着很多困难,逐渐落后于中非其他领域的合作。主要困难包括:中国对非洲的农业技术传递成效并不显著,中国实用的农业技术很难被非洲农民广泛采用,中国在非洲援建的农业技术合作项目一旦失去中国政府的财政支持和中方人员的维护往往会走下坡路,最后导致荒废;中国在非洲投资的农业企业由于缺乏对非洲国家的深入了解,管理经营尤其是在农产品销售方面面临着很大困难,再加上非洲农民难以吸收中国的农业技术,中国农业投资企业员工的本土化也面临困难;中非农产品贸易虽然获得比较快速的增长,不过中非农产品贸易额在中非贸易总额中所占的比重有逐渐下降的趋势,最近几年的比重下降到2%左右,中非农产品贸易有被边缘化的趋势。

鉴于中非农业合作在中非关系中的重要地位及中非农业合作的巨大潜力,需要对中非农业合作所面临的困难进行仔细的审视和研究。针对中非农业合作效果欠佳的原因,李小云等[1](2010)指出是在于"中国对非洲的农业援助战略主要是从中国的经验出发"并没有考虑到"非洲国家相应的配套措施和能力",郎文聚[2](2000)也表示"最大的问题是没有像合作双方期望的那样,把中国发展农业的思想、理论和经验进行成功的嫁接"。所以本书认为中国与非洲的农业合作没能有效结合非方的实际是中非农业合作效果不佳的症结所在。所以本书主要关注于从非洲的角度来看中非农业合作各个模式的效果,对中非农业合作的各个模式进行梳理和审视,对中非农业合作成效不佳的原因进行有益的探索,为今后不断改进中非农业合作的方式、方法,使中非农业合作的潜力得到进一步释放提供有益的建议。

二、研究目的及研究意义

如上一节所述,本书旨在从中非双方的角度来看中非农业合作各个

---

[1] 李小云、齐顾波、唐丽霞、赵丽霞、勒乐山、郭占锋、武晋、詹姆斯・凯利:《小农为基础的农业发展:中国与非洲的比较分析》,社会科学文献出版社2010年版,第220页。

[2] 郎文聚:《21世纪的中非农业合作》,载《西亚非洲》2000年第5期。

模式的效果,对中非农业合作的各个模式进行梳理和审视,对中非农业合作成效不佳的原因进行有益的探索。具体来说,中非农业合作不仅是中方为中非农业合作做了什么,而且也是非方从中非农业合作中切实得到了什么,从双方的角度去看中非农业合作的效果比只从中方的角度去看会更全面,毕竟中非农业合作需要中非双方共同的意愿和努力。从中非双方的角度去审视中非农业合作三个主要模式,即中国对非洲的农业技术传递、中国农业企业在非洲直接投资和中非农产品贸易,对各模式面临的机遇和存在的问题进行梳理和研究,并且各个模式之间并不是独立的,而是相互联系的。通过对中非农业合作各个模式问题的分析,希望能对中非农业合作成效不佳的原因进行有益的探索,对中非农业合作的不断深化提供有益的建议。

本书的研究意义表现在:首先,可以进一步丰富国际援助的理论和实践。国际社会对非洲进行了大量的援助,结果并没有帮助非洲脱离贫困,反而是造成了非洲国家对援助的依赖,其主要原因可能是国际社会对非洲的援助没有很好地结合非洲政治、经济、社会和文化的实际。本书从非洲的角度对中非农业合作成效的分析可以为国际社会对非洲的援助提供一些有益的借鉴。其次,有助于探索中非农业合作成效不佳的原因。中国的很多学者大都是从中方的角度研究中方对中非农业合作所做出的贡献,而相对缺乏来自非洲角度的分析,中方对非洲的农业援助项目有些也是脱离了非洲的实际,对非洲当地的影响很小。再次,促进中方不断改进对非援助的方式和方法,更加讲求实效,使得非洲农民学习和使用中国的农业技术,提高其农业生产技术水平,增强其改变贫穷现状的能力。对于中方而言,与非洲国家的农业合作的深入展开,有利于非洲国家放开对中国在非农业投资企业的限制,增强中国在非农业投资企业的经营活力,实现中国农业企业"走出去"的战略目标。最后,中非农业合作的顺利展开,能进一步夯实中非友好合作的基础,为中非其他领域合作的广泛开展提供必要的基础和平台。

三、研究内容和研究方法

本书首先给出了正文分析中所用到的理论基础和相关的文献回顾，在前人研究的基础上，给出中非农业合作的概念并提炼出中非农业合作的主要模式，即中国对非洲的农业技术传递、中国农业企业在非洲直接投资和中非农产品贸易。然后，在此基础上分别对中非农业合作的三个主要模式的现状、特点和存在的问题进行分析，并给出这三个模式的相互影响和促进，共同组成了中非农业合作的整体。最后，就正文中关于中非农业合作各模式的分析所得出的初步结论和相应的建议进行归纳，并指出中非农业合作进一步研究的方向。

对中国对非洲的农业技术传递的分析主要侧重于中国对非洲的农业技术援助，非洲农民能否吸收和采用中国的农业技术。从广义上讲，中国对非洲的农业技术援助范围很广，国外直接投资和商品贸易中也包含着技术的输出，本书所说的农业技术援助只是包括中国为了提高非洲国家的农业技术水平而专门进行的农业技术合作援助项目。此部分内容包括中国对非洲农业技术援助的历史，技术援助模式的变迁和目前援助模式的运行状况。中国对非洲国家的农业技术传递一定要符合当地的农业生产技术水平，结合当地农业生产的需求进行有的放矢的技术援助，否则中国的农业技术与当地农业技术不兼容，影响当地农户吸收和采纳中国农业技术的积极性。这部分内容以埃塞俄比亚农业为例，考察了当地的农业生产技术水平以及在当地推广中国农业技术的可能性。另外给出了当前中国对非洲农业技术传递的主要载体——中非农业技术示范中心的功能定位和其实现可持续发展的建议。

对中国农业企业在非洲投资的分析主要侧重于中国农业投资企业在非洲经营所面临的困难。这部分内容首先给出中国在非洲开办农业企业的发展及特点情况，然后结合中国在非洲的直接投资额和中国在非洲开办农业企业的数量分析中国农业投资非洲的现状、特点和动因。中国在非洲的农业投资企业一定要结合非洲国家当地的市场情况合理选择自己的发展模式,尤其是要注意非洲国家农产品市场的市场容量和竞争环境,确保生产的农产品能够在市场上销售。此部分结合中国 A 公司集团在莫桑比克的投资模式分析中国在非洲农业投资的模式选择和需要注意的问题。最后基于以上分析针对中国在非洲的农业投资企业所面临的困难给出相应的建议。

对中非农产品贸易的分析主要侧重于中非农产品贸易的增长来源分析和中非各自比较优势农产品的分析。中非农产品贸易额在近十年中获得了快速的增长,研究贸易额增长的主要来源以及增长的基础和潜力就成了重要的问题;中非农产品贸易额得到了快速增长,中非农产品贸易的比较优势又有了哪些变化? 此部分也给出了中国对非洲最不发达国家实施农产品免关税政策对中非农产品贸易的影响的分析。

中非农业合作的各方面不是独立的,而是相互联系的。其中中国对非洲的农业技术传递起着基础的地位,对中非农业合作的其他两方面有着重要的影响。一方面,中国在非农业投资企业要实现企业员工的本地化,也需要对当地农户培训中国的农业生产技术,这客观上促进了中国农业技术在非洲农户中的传播。所以中国对非洲的农业技术援助和中国农业在非投资企业的发展相互促进。只有这两种模式切实发展了,非洲农产品的生产能力提高了,中国在非洲的投资企业的农产品也能销回国内之后,中非农产品贸易也才会得到切实的提高。另一方面,中国国内对于农产品的需求也会促使中国的农业企业在非洲不断寻求投资机会。

从结论看,从中非双方的角度审视中非农业合作的成效,可以促使中国对非洲的农业技术援助更加追求实效,促使中国在非洲投资的农业企业正确评估在非洲投资的困难,在非洲当地承担更多的社会责任。中非农业合作的顺利进展有利于增强中非的传统友谊,为中非其他领域的友好合作打下重要的基础。

本书采用分析和综合的研究方法。进行分析和综合研究的基础是文献研究和实地考察案例研究的有机结合。

中非农业合作包含着诸多方面,对中非农业合作的分析需要对中非农业合作的诸多方面分别进行分析,然后再有效综合成一般结论。对中非农业合作的诸方面分别进行分析又需要文献研究和实地考察案例研究的有机结合。在文献研究方面,本选题搜集了较为充分的文献信息资料。文献信息资料包括下一章将要给出的文献综述和相关理论基础,基本囊括了中非农业合作的理论和实践的方方面面,为进一步的实地考察提供了知识储备和理论基础,也为实地考察需要着重研究的内容提供了方向。在实地考察中,选择了具有代表性的两个非洲国家——埃塞俄比亚和莫桑比克。在埃塞俄比亚重点考察了中埃农业技术示范中心的运营情况和当地区域的农产品市场条件、农业生产技术水平和农民的生活习惯等,考察中国的农业技术在埃塞俄比亚传播的可能性。在莫桑比克重点考察了中莫农业技术示范中心的运营和中国 A 公司集团在莫桑比克的农业投资项目。本书实地考察和案例研究相结合的研究方法,为本研究提供了较为全面和有价值的第一手资料,为保证研究结论的客观性和科学性提供了基础。通过对中非农业合作诸多方面的分析,并考虑到诸多方面的相互联系,最后综合成为中非农业合作的一般结论。

第二章　中非农业合作的研究基础

一、基本概念界定

(一)中非农业合作的定义

中非农业合作是中非合作的一部分,中非农业合作的范围也会随着中非合作战略的变化而发生变化。中国与非洲的经贸合作历经了50多年的历史,如今已经形成了援助、投资和贸易相结合的"大经贸"战略,核心在于从深度和广度上拓宽国际市场,推动全方位、多渠道、多领域的对外开放,提高中国利用国外市场和国外资源的能力和水平。马丁·戴维斯[①]在《中国对非洲的援助政策及评价》一文中指出,中国的对非政策包含"合作"和"国外发展援助"两个部分,并且认为"贸易与援助相结合的双轨途径是中国援非的成功之处"。与此相对应,中非在农业领域也形成了多层次、多渠道、多形式的合作和交流。中非农业合作囊括了国际援助、国际经济合作和国际产品贸易等众多领域。为了给出中非农业合作的准确定义,以下结合国际发展援助和国际经济合作的定义分析中非农业合作的内涵。

---

① ［南非］马丁·戴维斯:《中国对非洲的援助政策及评价》,载《世界经济与政治》2008年第9期。

　　国际发展援助已经形成了比较成熟的理论。张永蓬①在《国际发展合作与非洲——中国与西方援助非洲比较研究》一书中将国际发展援助定义为："一国或国际组织以从事公益和促进发展的理由或形式,在实际上不排除私益目的的情况下,向另一国或组织(含国际组织和非政府组织)所作的优惠或自愿性资金或资源转移。"援助的特点主要有两个方面,一是援助具有让利性,二是援助资金的流向和数额与援助方的私利密切相关,所以援助经常带有各种附加条件。国际援助从参与方的数量上可分为双边援助和多边援助。中国对非洲的农业援助从开始纯粹的无偿援助,发展到与投资、贸易相结合的援助形式。援助的目的主要是为了提高非洲国家农业技术生产水平,并为今后的中国与非洲的农业经济合作和农产品贸易打下良好的基础。中国对非洲的农业援助包含中国为非洲援建的各类农业技术研究和扩散设施,中国对非洲提供的农业无息和贴息贷款,援建农田基础设施,参与南南合作进行的援助等。

　　对于国际经济合作,卢进勇和杜奇华在其合著的《国际经济合作》②一书中,将其定义为："国际经济合作是指世界上不同国家(地区)政府、国际经济组织和超越国家界限的自然人与法人为了共同利益,在生产领域和流通领域(侧重生产领域)内所进行的以生产要素的国际移动和重新合理组合配置为主要内容的较长期的经济协作活动。"随着国际分工的不断深化,国际经济合作成了国家间最常见的经济交往方式,也是国家寻求国家安全和经济发展的重要手段。中非农业方面的经济合作主要是中国企业以独资、合资或租赁等形式与非洲国家合作进行的农业资源的开发和利用。中非农业领域的国际发展援助和经济合作既有不同之处也有紧密的联系。不同之处在于两者具有不同的实施主体和目的:国际发展援助主要是由国家行政主导,实施企业受到国家较为严格的管理和评估,经济合作主要是由企业主导,既包括国有企业,也包含了私有企业和

---

① 张永蓬:《国际发展合作与非洲——中国与西方援助非洲比较研究》,社会科学文献出版社 2012 年版。

② 卢进勇、杜奇华:《国际经济合作》,对外经济贸易大学出版社 2009 年版。

个体企业;国际发展援助具有让利性,经济合作符合市场经济规则。两者的紧密联系在于国家对于非洲的农业援助是今后经济合作的重要基础,也为经济合作提供了难得的机遇。

中非农产品贸易是中非农业合作的有机组成部分。一方面,中国对非洲的农业技术传递和中国在非洲的农业直接投资能促进中非农产品贸易。一是通过技术传递和农业直接投资,提高了非洲国家农产品生产技术水平,能增强其农产品出口能力;二是中国的农业技术传递和直接投资能带动非洲国家经济的发展,农民生活水平的提高增强了其对中国优质农产品的需求。另一方面,中非农产品贸易会对中国对非洲的农业技术传递和农业直接投资产生重要的反作用。一是中国丰富多样的农产品可以满足非洲国家的多样化需要,增加其对中国农业技术的兴趣;二是中国对非洲的农业技术传递可以提高非洲国家的农产品生产能力,中国是其重要的农产品出口市场。中国市场能保证其出口的利益也会增强其寻求中国农业技术的动力;三是中非国家间的合作可以开发非洲国家的农业资源,农产品通过中非贸易满足中国市场的需求,可以缓解中国土地资源相对匮乏的压力,增强中国对非洲农业投资的动力。

综合以上分析,可以将中非农业合作定义为:中国和非洲国家间在农业领域通过双边和多边机制,为了提高非洲国家的农业生产技术水平以及为了开发非洲国家的农业资源所进行的援助、经济合作和贸易等活动。从合作以促进发展的内涵上看,中国对非洲粮食等救济物质的人道主义援助可以不属于中非农业合作的范畴。

(二)中非农业合作的模式

《中国的对外援助》白皮书将中国的对外援助形式总结为成套项目援助、一般物质援助、技术合作、人力资源开发合作、援外医疗队、紧急人道主义援助、援外志愿者和债务减免等八种形式。结合上一节给出的中非农业合作的定义和中国与非洲农业合作的发展历史,本书将中非农业合作的模式分为农业发展援助、发展援助与经济合作相结合、国际经济合作、农产品贸易和多边农业合作。

1. 农业发展援助

此模式包含了成套项目援助、技术合作、人力资源开发合作等援助形式。具体包括援建农场、农业技术试验站、农业技术推广站、农田水利工程以及派遣农业技术专家和培训农业人才等。中国在20世纪60年代和70年代在非洲的很多国家援建了大量农场，以帮助非洲国家实行农业机械化和产业化，从而解决其农业问题。为了提高非洲国家的农业生产技术水平，结合中国农业技术推广经验，中国援建了农业技术试验站和推广站。从2006年开始，中国在非洲20个国家援建了农业技术示范中心。从20世纪60年代开始，中国开始向非洲国家派遣农业技术专家，在2006年中非合作论坛上，中国提出向非洲派遣100名高级农业技术专家。2009年又提出向非洲派遣50个农业技术组，培训2000名技术人员。中国对非洲的农业发展援助有成功的经验，但也有需要总结的教训，主要的教训是援助项目脱离非方的实际，项目缺乏可重复性和可持续性，也没有给中方带来经济上的好处，连新近建立的农业技术示范中心也面临着自身的可持续性发展的问题。因此，农业援助项目也开始与经济合作相结合。

2. 农业发展援助与经济合作相结合

中国在20世纪80年代开始实施改革开放政策，在与非洲国家经济合作方面也提出了"平等互利、讲求实效、形式多样、共同发展"的四项原则。对非洲农业发展援助也开始由原来的纯粹发展援助转向发展援助与经济合作相结合的新形式。此模式的实现方式主要有中国援助的农业项目不再是"交钥匙"工程，而由中非与非方合作管理或者中方代管；中国对非洲农业项目提供援助资金或者无息、贴息贷款，不过此农业项目需要与中方农业企业合资。中国也提供优惠贷款鼓励中国的农业企业到非洲投资。在此中非农业合作新模式的引导下，中国原来援助的农场也逐渐转变成中国农业企业与非洲国家的合资型企业。合作模式的改变一方面引入了企业管理，改变了原来政府主导的农场经营模式，提高了企业经营的活力,项目演变成了可以盈利的企业,保证了项目的可持续发展;另一方面,新模式通过引入银行贷款和企业的资金,缓解了项目开发资金的短缺,提高了资金的利用效率。农业发展援助与经济合作相结合的模式为中国农业企业在非洲的独资经营积累了必要的经验。不过与非洲的合作管理和投资合资企业涉及中国企业与非洲企业和政府的相互协调,合作的效果也取决于双方的条件和所付出的实际努力。

3. 国际经济合作

国际经济合作内容丰富,形式多样,主要的形式有国际工程承包、国际劳务合作、国际技术合作、国际直接投资、国际间接投资和其他方式。对于中非农业合作来说,主要有国际工程承包和国际直接投资。中国企业对非洲的国际工程承包往往带有国家对非洲项目的援助性质,这里国际经济合作形式主要是国际直接投资。中国农业企业在非洲的直接投资是第二种模式的升级形式。在中国援建的农场的经营方式转变为经济合作的形式之初,就有一些农场发展成了中国农业企业的独资农场。在中国 20 世纪 90 年代企业"走出去"的战略下,中国政府积极鼓励中国的农业企业到非洲进行投资,不仅包括国有企业,也包括私营企业。农业技术示范中心的成立就借助了企业的形式,被商务部和农业部定位为搭建农业企业走进非洲的平台,推动农业企业"走出去"。2006 年中非合作论坛宣布成立中非发展基金,基金额逐步发展到 50 亿美元。中非发展基金促进了中国农业企业在非洲大规模的农业开发。不过中国农业企业在非洲的投资一方面要注意遵守非洲国家当地的法律和民俗习惯,对非洲工人给予充分尊重,承担更多的社会责任,另一方面在开拓农产品销售市场时,注意产品与非洲当地同类企业的竞争性,自身发展的同时兼顾当地企业的发展空间。

4. 农产品贸易

中非农产品贸易在 20 世纪发展缓慢。21 世纪以来,双边经贸合作全面展开,农产品贸易也获得较快发展,并成为中非农业合作的重要组成部分之一。从 2006 年到 2012 年,中非农产品的贸易总额从 13.4 亿美元增长到 38.5 亿美元。其中中国从非洲农产品的进口总额从 5.82 亿美元增长到 16.15 亿美元,中国对非洲的农产品出口总额从 7.61 亿美元增长到 22.35 亿美元。不过中非农产品贸易并不平衡,很多非洲国家对中国的农产品贸易处于严重的贸易逆差状态。为了促进非洲国家产品对中国出口,从 2005 年开始,中国逐步增加对非洲最不发达国家进口免关税的商品种类。2010 年之后的三年内,中国政府将逐步给予非洲所有与中国建交的最不发达国家 95% 的产品免关税待遇。免关税政策的实施增强了非洲国家农产品对中国的出口竞争能力,而在免关税之前非洲对中国出口产品就已经有相当的规模。

5. 多边农业合作

中国政府不仅通过双边机制进行中非农业合作,还积极参加国际多边机制对非洲进行农业援助。比如,中国自 1986 年起参与国际多边援助计划,为 42 个非洲国家提供农业技术的培训。1996 年,中国积极参与联合国粮农组织"粮食安全特别计划"框架下的南南合作,向非洲、亚洲、南太平洋等地区派遣农业专家和技术员。2006 年 5 月,中国政府与联合国粮农组织签署了《中国政府与 FAO "关于建立南南合作战略同盟"意向书》,通过 FAO 与受援助国签订三方合作协议,参与实施南南合作项目(李小云等,2011)[1]。2008 年 9 月,中国政府宣布向联合国粮农组织捐款 3000 万美元设立信托基金,重点支持联合国粮农组织"粮食安全特别计划"框架下的南南合作。截至 2010 年年底,中国农业部已向非洲的埃塞俄比亚、毛里塔尼亚、马里、加纳、尼日利亚、塞拉利昂和加篷派遣了 719 名农业专家和农业技术人员,占中国实施农业南南合作派出人员总数的 89%(韩燕,2011)[2]。

以上是中非农业合作的五种主要模式,可能还会有其他的合作形式。中非农业合作模式是随着国内发展政策、国际发展环境和非洲各国发展

---

[1]　李小云、郭占锋、武晋:《中国农业发展对非洲的启示》,载《西亚非洲》2011 年第 8 期。

[2]　韩燕:《发展互利共赢的中非农业合作》,载《国际经济合作》2011 年第 5 期。

需求的变化而变化的历史选择,并且随着中非农业合作的不断深化,也会有更新的合作模式的出现。不同的合作模式也不一定是完全独立的,有可能同一个项目实际上包含多种合作模式。另一方面,在非洲同一个国家,也会出现多样化的合作模式。比如 Brutigam 和 Tang(2012)[1]详细列出了中国在 1970 年和 2011 年间在埃塞俄比亚参与的农业和农村项目。其中涉及动物医治的研究和示范,竹子编织实用技术的培训,农村区域的公路建设,农田水利灌溉和农村电力设施的建设,食品和物质援助,南南合作项目,提供无息贷款用于纺织品工厂更新设备,农业技术职业培训,青年自愿者项目,在中国培训埃塞俄比亚农业专家,派遣高级农业专家,援建农业技术示范中心项目,资助建设了三所农村小学。这些项目除了农村基础建设和教育项目之外,农业合作项目都囊括在上述五种模式之中。

(三)本书的研究范围

中非农业合作已形成了多层次、多渠道、多形式的合作与交流,主要包含上一小节中的五种合作形式,每一种形式又包含多种实现方式。结合中非农业发展的潜力和发展趋势,找准研究重点和难点,使研究更有效率和实际意义,本书研究主要集中于中国对非洲的农业技术传递、中国农业对非洲的直接投资和中非农产品贸易三个方面。这三种合作模式归属于以上五种合作模式之中,并且三种模式基本囊括了中非双边农业合作的主要部分。三种合作模式中各主体的动机不同,中国对非洲的农业技术传递的中方主体主要任务是帮助非洲国家提高农业生产技术水平,运作资金也主要来源于政府的财政支持。而中国对非洲的农业直接投资和中非农产品贸易主体的主要动机来自经济利益的考虑。三种模式运作的理论基础也不相同。另外,这三种模式的划分也遵照了文献的通常做法

---

① Brutigam D,Tang XY. An Overview of Chinese Agricultural and Rural Engagement in Ethiopia. IFPRI Discussion Paper 01185,May 2012.

（王晨燕,2008；李嘉莉,2012）①。

中国对非洲的农业技术传递是中非农业合作的重点,也是难点。中国农业发展的成就世界瞩目,以世界7%的土地养活了世界20%多的人口,并且农业有效支持了中国工业的发展。中国农业发展的经验之一是依靠农业技术的使用,农业技术除了来自于精耕细作农业的经验积累,也来自于现代农业科技的广泛普及。而非洲国家农业落后的主要原因在于非洲国家农业的生产技术水平非常的低下。所以中国对非洲的农业技术传递,增强非洲农业技术传播和农民技术吸收能力,是中非农业合作的应有之义,也是非洲国家对中国农业的主要期待。中国对非洲的农业技术传递是中非农业合作的基础,对其他模式的中非农业合作具有重要的促进作用。中国也把对非洲的农业技术传递作为了中非农业合作的首要工作,不过中国对非洲的农业技术传递的效果一直不理想,援建的农业技术项目缺乏可持续性。为了改进项目的可持续问题,目前中国对非洲农业技术传递的主要载体是中非农业技术示范中心,中非农业技术示范中心采用了国家资助、企业招标、企业管理的形式。企业的引入一定程度上解决了可持续的问题,不过也容易忽视中国对非洲农业技术传递的任务。另一方面,中国对非洲的农业技术传递需要对非洲国家农业生产技术水平有深入了解,但是对非洲国家农村农业的研究还不多见。

中国农业对非洲的直接投资是中非农业合作的重要模式。虽然援助和经济合作相结合的模式还会在中国不断加强对非洲的优惠贷款援助的情况下长期存在,并占有重要的位置,不过即使在中国与非方合作管理的企业中,也是采用中方管理为主,非方参与的管理模式。另外,与其相比,中国对非洲的直接投资有如下几个特点:一是中国对非洲的农业直接投资对于开发非洲农业资源来说更加有效率,其运作更加符合市场化的规则,也会具有更广阔的发展空间;二是中国对非农业直接投资给中国的私

---

① 王晨燕:《对非洲农业援助新形式的探索》,载《国际经济与合作》2008 年第 4 期;李嘉莉:《中国与非洲农业合作的形态与成效》,载《世界农业》2012 年第 12 期。

营农业企业提供了机会,国家也积极鼓励中国私营企业参与海外资源开发;三是缺少了非方的合作,中国对非农业直接投资企业面临的问题和困难更多,比如企业面临的资金问题,如何规避由于非洲国家政局不稳定造成的风险,中国企业如何遵守当地的法律、制度以及文化宗教传统和生活习惯,在雇佣当地工人的情况下如何进行管理,在市场开拓中,如何保持与当地企业的合理竞争等。这些问题都需要中国投资者和中国研究者的深入思考和探索。

中非农产品贸易最近几年获得了长足的发展,不过在中非贸易中依然占有很小的比例。中国对非洲的农产品贸易保持顺差,怎样通过对非洲的投资,改变进出口不平衡的状况,是中非农业合作中的一个重要问题。中国已经实施了对非洲最不发达国家的农产品进口免关税待遇,免关税的实施效果又如何。此外,不同的农产品选择范围会导致不同的研究结果。根据 WTO 农业协议定义的农产品贸易统计范围和中国实际,遵照文献的通常做法(程国强,1999;chen,2006)[①],本书的农产品范围包括 WTO 农业协议定义的农产品再加上水产品。

本书的研究没有包含其他的合作模式,并不是说其他的合作模式不重要,只是限于作者的时间和能力,没有把所有的合作模式全部包括进来,比如南南合作。南南合作属于多边机制,对其效果的评价不仅仅涉及中国和非洲国家,还需要涉及其他国家,其效果也部分取决于其他国家的努力和国家间的协调。所以本书的研究主要集中于上述三种中非农业合作的模式。

---

① 程国强:《中国农产品贸易:格局与政策》,载《管理世界》1999 年第 3 期;Chen C. "Changing Patterns in China's Agricultural Trade after WTO Accession." In G. Ross and L. Song, eds. The Turning Point in China's Economic Development. Canberra, Australia: Asia Pacific Press, Australian National University, 2006.

二、中非农业合作的研究综述

（一）中非农业合作的历史、阶段和地位

1. 中非农业合作的历史阶段划分

中非农业合作从 20 世纪 50 年代开始，到如今已有半个多世纪的历史。中非农业合作作为中国对外关系和中非关系的一部分，与中国对外关系发展和中非关系发展的历史阶段密切相关。对中非经济合作的历史，吴兆契主编的《中国和非洲经济合作的理论与实践》[①]一书将中国与非洲的经济合作划分为三个阶段：一是初始阶段，以万隆会议为起点，中国支持了非洲国家的独立和独立初期的经济发展，确立了中国对非关系五项原则和我国对外经济援助的八项原则；二是发展阶段，中国与不断独立的非洲国家建立了经济合作关系，中国对非洲提供单向的经济技术援助，中国对非洲的经济技术合作的规模迅速扩大；三是调整、改革和稳定阶段，中国在 20 世纪 80 年代初期实施了改革开放的政策，对非经济合作也由原来的纯援助向经济合作转变。此书出版于 1993 年，到了 20 世纪 90 年代中期，中国的对外战略又发生了重大改变，尤其是 21 世纪，在中非合作论坛的推动下，中非经济合作得到了全方位、多层次、大规模的发展。为了与前一阶段相区分，张永蓬在《国际发展合作与非洲——中国与西方援助非洲比较研究》一书中将中国对非援助和中非关系的历史划分为了四个阶段，一是初始阶段，从中华人民共和国成立到 1956 年 5 月 30 日与埃及建立外交关系之前；二是发展阶段，从中国与埃及建立外交关系到 1983 年 1 月中国提出对非洲经济技术合作的四项原则之前；三是调整过渡阶段，从 1983 年 1 月中国提出对非洲经济技术合作的四项原则到 2000 年中非合作论坛成立之前；四是中非进入全方位、机制化的新型

---

① 吴兆契：《中国和非洲经济合作的理论与实践》，经济科学出版社 1993 年版。

战略伙伴关系时期,从中非合作论坛成立至今。

对于中非农业合作历史阶段的划分,学者们基本上遵照了中国对外关系和中非关系发展的历史阶段的划分。郏文聚在《从援助到合作开发——展望21世纪的中非农业合作》①一文中将中非农业合作的历史划分为三个阶段:一是以政治合作为基础的对非农业援助,时间从中非农业合作开始到20世纪80年代之前,中国为非洲援建了大量的农业项目,不过项目普遍缺乏可重复性和可持续性;二是经济调整时期的中非农业合作,从中国进行改革开放实行对外关系的转变到20世纪90年代中期,中非农业合作开始引入竞争机制,中国的农业援助规模大量缩减。三是从20世纪90年代中期至今,中非农业合作进入援助、投资和贸易相结合的新时期。同样的,齐顾波和罗江月在《中国与非洲国家农业合作的历史与启示》一文中,将中非农业合作分成了三个阶段。本书对中非农业合作的历史遵照以上划分。

2. 中非农业合作的地位

中非农业合作是中非经济合作的首选领域,也是着重发展的领域。大多数非洲国家政府在同我国进行经贸合作谈判时都首选农业经济技术合作项目,并表现出强烈的合作愿望和实施项目的积极性。这足以显示中非农业合作在双边交流合作中的重要地位。

(1)中非农业合作是增强中非传统友谊的需要

中国与非洲相似的历史发展过程,使得中国和非洲的国家很容易走在了一起,并在各自的反对帝国主义的民族解放战争中相互支持。独立之后很快建立了外交关系,并在世界的舞台上共同反对帝国主义的经济封锁,争取在更好的国家发展环境的过程中建立深厚的友谊。对非援助对于巩固中非双方的传统友谊,增强政治互信具有重要的作用。

---

① 郏文聚:《从援助到合作开发——展望21世纪的中非农业合作》,见:北京大学非洲研究中心编,北大非洲研究丛书——中国与非洲.北京大学出版社2000年版,302-307。

（2）中非农业合作是中非双方农业发展的需要

非洲的农业虽然因为政治、体制、文化等因素的制约没有发展起来，但是农业依然是非洲国家具有比较优势的产业。农业为非洲超过 2/3 的劳动力提供了就业机会，在大多数非洲国家，超过 1/3 的产值来自农业，农产品出口占全部出口量的 40%。如果非洲国家想发展经济，必须从自己具有比较优势的产业开始，从具有比较优势产业的发展中积累资本，慢慢实现产业升级。所以如果非洲国家的政局越来越稳定，统治者的统治能力增强，想切实发展自身的经济，非洲国家必须首先发展农业。中国具有从贫穷落后的农业国家快速发展的亲身经验，这也是很多非洲国家对中国农业深感兴趣的原因。

而对于中国的农业来说，农业技术已经非常成熟，但囿于农业资源匮乏。中国农业企业必须充分发挥自身的优势，积极利用国外的农业资源，开拓发展空间。中国企业利用中国对非洲的农业援助项目，实现"走出去"的战略目标。中国援建的农业技术示范中心的定位，就被商务部和农业部确定为"促进受援方粮食增产，改进农业技术，提升粮食安全水平；搭建企业在非洲发展的平台，推动农业'走出去'"。因此中国援建农业项目是实现中国农业企业"走出去"的先导。

（3）中非农业合作是中国其他类型企业走进非洲的需要

非洲幅员辽阔，作为除南极洲之外世界上未开发的大陆，农业资源和矿产资源丰富。并且非洲国家的经济发展潜力巨大，难怪有人说"21 世纪是非洲的世纪"。任何国家都不会放过这个发展的机会，中国也一样。不过中国进入非洲市场并不容易。非洲市场从总体上来说目前仍是西方国家传统的势力范围。20 世纪 60—70 年代非洲国家在政治上获得了独立，但许多国家的经济却依然掌握在殖民宗主国手里。20 世纪 90 年代中期后，西方大国和一些工业化国家纷纷调整对非洲的政策，抢占非洲市场。中国的企业要去非洲发展势必要挤占人家的市场，困难是可以想象的(陆庭恩,2003)①。

由于许多非洲国家的投标过程缺乏透明度,政府倾向于将合同授予能获得外围援助和发展援助的竞标公司。中国政府的援助政策在帮助这些中国企业(主要是国有企业)与外国企业竞争资源方面,起到很重要的作用(戴维斯,2008)②。在援助的带动下,也包括农业以外领域的援助,中国实行了援助、投资和贸易综合的方式,并且中国政府采取了很多的优惠措施来促进中非间相互的投资和贸易,比如设立优惠贷款和买方信贷,设立中非发展基金,免除非洲最不发达国家的债务,降低和免除非洲国家进口产品的关税,等等。

在这些措施的刺激下,中非间的贸易和投资获得了长足的发展。过去 10 年间,中非贸易年均增长率达 33.6%,在不到 10 年的时间增长了 1 倍,同期欧盟、美国与非洲之间的贸易增长率分别为 11% 和 18%。同时,在 2004 年到 2011 年间,中国对非洲的直接投资增长了 7 倍,年增长率高达 115%(马春园,2012)③。

中非农业合作虽然与中非其他领域的蓬勃发展势头不相适应,不过中非农业合作在中非合作中的平台作用不容忽视。从中方立场看,必须把对非农业援助项目做成一个大开发战略的组成部分,农业援助项目本身在财务评价上可能是不可行的。但是,从国民经济评价的层次上,从中国援助、投资非洲和中非经贸发展的整体战略的角度对中非农业合作进行全面评价,才能做出正确的结论(郇文聚,2000a)④。

---

① 陆庭恩:《关于深入开展中非农业投资与合作的几点看法》,载《西亚非洲》2003 年第 1 期。
② [南非]马丁·戴维斯:《中国对非洲的援助政策及评价》,载《世界经济与政治》2008 年第 9 期。
③ 马春园:《中非贸易十年增十倍　融资难仍羁绊中国企业海外掘金》,载 2012 年 7 月 20 日《21 世纪经济报道》。
④ 郇文聚:《21 世纪的中非农业合作》,载《西亚非洲》2000 年第 5 期。

（二）中非农业合作的基础和潜力

1. 中非农业合作的展开已经拥有了重要的基础

（1）政治基础

中国与非洲国家在独立之前就开始了相互的交流和支持,独立之后在各自的发展道路上相互支持和帮助,结下了深厚的友谊。双方政府都对中非农业合作给予了高度的重视和必要的支持。

（2）农业资源的互补性

中非农业合作不断发展的根源还是在于中非农业资源拥有很强的互补性。据联合国粮农组织统计,2002 年非洲总面积共计 3031 万 km^2,农业面积为 11.1 亿 hm^2,耕地面积为 1.8 亿 hm^2。中国科学院自然资源综合考察委员会在《中国与非洲资源互补与合作前景》[①]一文中指出,国内的农业资源已不能满足国家经济发展的需要,而非洲拥有丰富的农业资源,资源分布相对集中,资源开发利用程度低。而中国拥有几千年精耕细作的农业耕作经验和技术,中国拥有一整套的农产品生产、储存、运输和销售的经验,也有完整有效的农业技术创新、推广和采纳体系。中国和非洲也都是以农户为基础的农业生产组织形式。非洲国家丰富的农业物质资源和中国丰富的农业技术资源的互补性决定了中非农业合作的必要性和可行性。

（3）机制和体制基础

中非农业合作历经 50 多年的历史,积累了丰富的经验,如今原来的合作原则、合作战略已转变到合作机制和体制建设。《中国对非政策》的出台说明了中国与非洲进行经济技术合作政策的成熟。除了中非合作论坛之外,中非农业合作论坛机制的建立有利于推动中非农业合作的深化发展,保证了中非农业合作发展的持续性。中国与大多数非洲国家建立了农业合作协定,积极与非洲国家签订《双边投资保护协定》和《避免双

---

① 中国科学院自然资源综合考察委员会:《中国与非洲资源互补与合作前景》,载《中国软科学》1998 年第 7 期。

重征税协定》。中国参加了国际上比较成熟的对非多边援助机制。

2. 中非农业合作发展的潜力分析

(1)中国对非洲农业技术传递的潜力

非洲国家虽然农业资源丰富,不过开发利用程度很低,主要是因为非洲国家缺乏应有的农业技术。这也导致非洲国家粮食短缺,每年需要进口大量的粮食。今后非洲国家对实用的农业技术的需求非常大,对于农业技术推广机制建立和管理的需求也会非常大。虽然中国出口粮食到非洲的潜力有限,但可将具有精耕细作的农业优良传统耕作技术、良种选育技术、农田水利技术和大批成熟适用的新兴农业科技成果向非洲输出。中国的农业科研院所等研究机构可以到非洲进行农业技术试验。

(2)中国和非洲合作开发农业资源的潜力

除了中国对非洲进行农业技术传递外,中国农业企业可以去非洲以独资或者与非洲合资的形式开办农业生产、农产品加工和农产品销售的企业。非洲国家对于国家稳定、经济发展、人民富裕的追求也迫切需要对自身优势资源的开发。但是非洲国家由于历史上受到外国殖民者的剥削压迫,非洲国家普遍缺乏技术和资金的积累。非洲国家对于资金和技术的需求会使非洲国家积极寻求与国外企业的合作,或者提供优惠政策吸引外国投资者。中国一直奉行独立自主、互惠互利的对外经济合作政策,不会干涉非洲国家的内部事务,这种合作方式受到非洲国家的欢迎。非洲国家也会越来越乐于与中国企业合作进行农业资源开发。

(3)非洲国家经济发展的潜力

近年来,随着非洲政局渐趋稳定,经济已步出谷底,逐步走上稳定增长的道路。从 2000 年以来,非洲大陆经济保持着 5% 左右的增长速度。经济形势的好转,再加上原有的资源优势,使非洲成为全球新兴的大市场。比如中国对非洲农产品出口的快速增加显示了非洲国家需求的日益旺盛。

（三）中非农业合作的成效、问题和对策

1. 中非农业合作的成效

鉴于中非农业合作在中非关系中的重要地位,基于中国农业合作的基础和潜力,再加上中非双方共同长时期的不断努力,中非农业合作取得了不错的成绩。

（1）中非农业都从中非农业合作中受益

一方面中国为非洲援建的农田水利基础设施、各类农业技术推广设施、农场项目等促进了非洲国家农业生产技术水平的提高,增加了非洲国家农业生产管理经验。另一方面,中国也从非洲国家的农业中学习和引进了农作物生产技术和品种,尤其是中国缺少的亚热带动植物品种（郧文聚,2000b）①。

（2）中非农业合作已形成了比较规范的合作机制

中非合作论坛是发展中非关系的重要合作机制,有力推动了中非各领域深层次的合作,而2010年召开的中非农业合作论坛是中非农业合作的重要机制。中非农业合作论坛吸引了国内相关部委和有关省市领导、金融机构负责人和企业界代表以及来自非洲18个国家的执政党、政府领导人、农业部长、企业家、非洲地区组织代表共380余人出席。此论坛的召开预示着中非农业合作的常态化和制度化,保障了中非农业合作的持续性和连贯性。这是中非农业合作发展过程中重要的机制建设。

（3）中非农业合作已形成了多层次、多渠道、多形式的合作与交流

总结中非农业合作50多年的历史,中非农业合作已经形成了特有的合作模式。中非农业合作的主要目标是合作开发中非优势互补的农业资源。中非农业合作的主要经验是有效调动各方积极性,调动利用资源、技术和资金的积极性,具体表现为中非双方高层频繁互动,增强互信;在合作形式上,中国对非洲的援助项目不断转向生产性项目,由原来的纯援助

---

① 郧文聚:《从国际援助的发展看中国对非农业援助》,载《西亚非洲》2000年第2期。

转为中非企业和与非方企业合作的形式,引入了企业技术和企业化管理,中方积极鼓励中国企业投资非洲农业,包括国有企业和私营企业,中国积极参与多边合作,中非农产品贸易发展迅速;在资金运作方面,除了政府财政资金外,还以贴息贷款形式引入了银行资金,中国在非洲以开办独资或合资企业的形式引入了企业资金,中国提供给非方企业贷款用于合资企业的投入资金,中非发展资金的成立为中国企业在非洲较大型的前景好的投资项目提供了有利支持,多边合作有效利用了其他国家或其他国际组织的技术和资金,中国为非洲提供的优惠贷款和买方信贷有效推动了中国商品的出口。

2. 中非农业合作的问题

中非农业合作虽然取得了不错的成绩,但也存在着很多无法回避的问题,这些问题在很多学者的研究中都有体现。主要问题有以下几个方面。

(1)中国对非洲的农业技术传递项目没能有效结合非方的实际,中国的农业技术在非洲的传递效果有限

中国在非洲国家援建了大量的农业试验站、农业技术示范项目,并不断派遣农业专家。这些项目一方面自身缺乏发展的可持续性,另一方面,这些项目对于提高非洲国家农业技术水平成效有限。第一个问题主要是因为这些项目都是基于中国的经验,在中国行之有效,这些项目的有效性建立在完善和系统的行政和财政支持体系上,而非洲国家普遍缺少相应的配套措施和能力。非洲国家对援助项目有很大程度的依赖性,缺少了中国的资金和技术支持,这些项目也就难以维持。第二个问题主要是因为农业生产技术是一个体系,包括农业生产的全过程,也与当地农民的传统、文化和生活习惯紧密联系。非洲农民采纳中国的农业技术,不仅需要调整各种配套的技术,而且也需要不断调整其生产、生活习惯。这决定了中国的农业技术传递即使能成功,也会是非常漫长的过程。所以中国对非洲国家的农业技术传递一方面要保证中国援助项目的可持续发展,另一方面要不断深入了解非洲国家的农业状况,有的放矢地进行农业技术

传递。

(2)非洲国家普遍缺乏优良的投资环境,中国农业企业面临诸多困难

非洲固有的阻碍投资的因素依然存在。一是非洲国家政治风险较高,政府治理能力不够,司法体系运行低效,国外投资者的利益不能得到有效保障;二是非洲落后的基础设施使得在非洲生产的成本较高,非洲的物价水平并不低;三是非洲的市场体系很不健全,市场机制失灵,在非洲投资往往要投资整条产业链,资本需求量大;四是非洲虽然拥有众多的人口,不过非洲工人的技术水平低,组织管理能力差,而非洲工人受西方的影响往往要求较高的工资和工作条件,所以非洲的人力成本比中国的工人高。中国在非洲的公司虽然要雇佣当地的工人,不过往往也要从国内转移和雇佣相当数量的工人。

另外,中国农业企业在非洲还面临着农产品市场非常狭窄的困难。非洲国家大多数人口在农村,而农村人生活贫困,购买力低下,农产品市场相对狭小;非洲国家的大农场主受到非洲国家的补贴和政策优惠;西方国家在非洲各国也建立了不少大农场;非洲国家出于粮食安全的考虑,禁止中国农业企业的农产品出口;非洲农民传统的消费习惯中的谷物和蔬菜的种类非常有限,中国的很多谷物和蔬菜不符合当地人的消费习惯。这些因素使得中国农业企业在非洲面临的市场非常有限。

除了以上风险之外,中国在非投资企业还要遵守当地的法律法规和当地人民的文化传统生活习惯。很多在非洲的中国工人外语水平有限,企业管理也比较粗放,与当地沟通不够,出现了不尊重当地文化、不尊重当地工人的现象。中国在非洲进行农业资源开发,虽然有别于西方国家掠夺式的开发,不过也造成了当地自然环境的破坏、当地农民生活的改变。另外,中国农业企业的投资也抢占了一些当地农业企业的市场,再加上西方国家的炒作,非洲当地人对中国容易产生抵触情绪。中国企业在非洲生存和发展面临着政治风险、经济风险甚至还有人身安全风险。

（3）中非农业合作的各种配套制度还不完善

中非农业合作除了涉及农业生产内部的各个环节,还涉及农业以外的诸如投资、贸易、金融、保险、海关、税务等部门,缺乏能协调各个部门的专门组织机构;缺少一个信息共享和知识积累的平台,中非农业合作涉及面广,所需信息量极大,涉及非洲国家政治、经济、社会文化、金融、对外关系等各种信息,中国在非洲的企业之间也普遍缺乏信息共享,所以建设一个信息共享和知识积累的平台显得很有必要,及时总结经验,少走弯路;面对中非农业合作发展的需要,缺乏相应人才的培养和储备机制,人才对于中非农业合作的制约会越来越明显,应尽早准备培养会外语、熟悉非洲、善于经营和沟通的复合型人才;对中国投资非洲农业还缺乏专门的风险收益评估机构。

3. 中非农业合作的对策

针对以上中非农业合作的问题,综合很多学者提出的建议,主要有以下几条。

（1）要不断加强对非洲各国的政治、经济和社会实际状况的研究

中非农业合作涉及中非双方的意愿和努力,中非农业合作的效果也取决于双方的实际行动。很多中国学者只是单方面地从中国的角度来分析中国对中非农业合作所做出的贡献,而忽视了非洲国家在中非农业合作中面临的局限条件。可以说,深入了解非洲国家的政治、经济、社会和农业实际状况,深入理解非洲国家面临的局限条件,理解非洲国家所能做出的实际行动,是中国正确制定对非农业援助、对非农业投资政策的起点。

（2）中国在非洲农业投资企业在关注经济利益的同时,要注意承担相应的社会责任

在不断督促当地政府改善投资环境的努力下,中国农业企业可以不断改善当地基础设施,这样也会减少自身的运行成本;对中国工人进行当地语言文化的教育,规范其行为;中国企业的可持续发展最终是要通过"本土化"策略来实现,注重对当地农民农业技术的培训;在开拓农产品

销售市场的同时,注意同当地农业的良性竞争,尤其是中国大型的农业投资企业,为了避免与当地企业的竞争,可以以此来寻求非洲国家放开农产品出口的限制。

(3)各种配套制度的建立

国家一是应该建立高层次的规划和协调机构,此机构根据非洲国家农业资源情况建立中国合作开发非洲农业的总体规划,协调各部门的行动,以使中国正确制定对非的农业开发政策和保证政策的顺利实施;二是可以设立专项资金用于提供各种信息服务,建立统一的信息共享平台和用于培训专业人才;三是设立专业的风险收益评估机构,与中国对非投资企业进行合作。

(四)中非农业合作与非洲农业研究

如上一节所述,中非农业合作的顺利开展需要对非洲国家政治、经济和社会文化的深入研究,尤其是对非洲国家的农业政策和农业生产水平的研究。非洲国家的政治研究已有比较丰富的成果(贺文萍,2009)[①],不过关于非洲国家政治与农业政策关系方面的深入研究并不多见,主要有美国经济学家贝茨所著的《热带非洲的市场与国家:农业政策的政治基础》[②]一书。单纯的非洲国家的农业问题的深入研究主要有郧文聚的文章和李小云、齐顾波、唐丽霞等著的《小农为基础的农业发展:中国与非洲的比较分析》[③]一书。

贝茨在书中解释了非洲国家农业政策的政治基础,从政治的角度说明了非洲农业政策的合理性。新独立的非洲国家的统治集中在欧洲殖民者原来的统治区域,统治缺乏广泛的群众基础,容易受原宗主国和其他西

---

① 贺文萍:《全球化与非洲政治发展》,载《中国农业大学学报(社会科学版)》2009年第26卷第4期。

② [美]罗伯特·H·贝茨著,曹海军、唐吉洪译:《热带非洲的市场与国家:农业政策的政治基础》,吉林出版集团有限责任公司2011年版。

③ 李小云、齐顾波、唐丽霞、赵丽霞、勒乐山、郭占锋、武晋、詹姆斯·凯利:《小农为基础的农业发展:中国与非洲的比较分析》,社会科学文献出版社2010年版。

方国家的诱导和控制。所以非洲国家经常政局不稳,战乱频繁。因此维护自己的政治统治成了非洲国家统治者的首要任务,他们利用自己手中的权力,不断巩固和培植拥护的政治势力,打击和拉拢异己政治势力。这些政治势力主要包括经济实力雄厚的大农场主、少数工商业企业主和城市工人。而分散广,不容易团结起来形成有效政治力量的广大农民的利益往往受到统治者的忽视。非洲统治者维护统治需要经济上的来源,而农业是非洲国家经济的支柱产业。所以非洲国家统治者需要从农业汲取经济支持,采取的手段主要是利用国家的统治力量、法律规定农作物的垄断收购机构(市场营销委员会)、市场营销委员会低价收购农产品,在国际市场上高价出售。这差价的收益就用于统治者根据统治的需求,分配给各利益集团,维持政府官僚体系的运营。因此非洲国家的农业政策表面上看存在着重工轻农的倾向,实际上是出于政治统治的考虑。非洲农民处于被政府剥夺的地位。

对于非洲国家的农业问题,郧文聚(2000)认为影响非洲农业问题的因素包括农业结构因素、农业技术因素、国际因素、制度因素和社会文化因素等。非洲国家农业机构普遍单一,缺乏必要的农业生产技术和农业基础设施,沉重的外债负担和农产品贸易条件恶化,不合理的制度因素和政治社会动荡等使得非洲农业得不到发展并经常产生农业危机。

关于非洲农业的深入研究要数李小云、齐顾波、唐丽霞等著的《小农为基础的农业发展:中国与非洲的比较分析》一书。书中从中非农业发展的绩效、历史因素、战略和政策、生产条件、生产投入、科技发展、家庭农业生产组织与运行和对外学习与外部支持等方面对中非农业进行了全面比较。分析认为中国与非洲的农业依然存在着不小的差距,非洲农业的发展无论是在国家战略层次上,还是在小农家庭层次上,都显然不能全盘复制或照搬中国的经验。在中非农业合作中,无论是中国对非洲的农业技术传递还是中国在非洲的农业企业投资,都需要不断适应和有效结合非洲国家当地的农业生产技术水平、当地法律和社会文化的实际情况。

总之,非洲农业问题有其深刻的政治历史根源,并不能简单地看作单纯的农业技术问题。中国对非洲的农业技术援助终究只是个外部因素，非洲农业的发展最终还是需要非洲国家自身的努力，从中国有效吸收成功的发展经验。

（五）西方国家与非洲的农业合作

除了中国，各西方国家也对非洲进行了大量的援助，有关中国和西方国家援助的比较就成了重要的研究课题。此类文献主要有张永蓬的《国际发展合作与非洲——中国与西方援助非洲比较研究》、魏雪梅的《冷战后中美对非洲援助比较研究》[①]、谢铿的《中欧对非援助——在分歧中寻求合作》[②]、吴丹的《中日对非援助的比较研究》[③]、苗群的《中日韩对外援助的比较研究》[④]、李伟涛的《中国与欧盟对非洲援助比较研究》[⑤]。

张永蓬在书中从国际发展援助的概念和国际发展援助与非洲发展的关系出发，对中国与西方国家援非的历史、政策与理念、援非的实力、援非侧重的领域、形式与内容、援非机构、管理体系与援非特点、援非效果等方面进行了详细的梳理和分析。分析认为中国和西方国家都已经形成了比较成熟的援助理念、援助机构和管理体系，不过中国和西方国家在援助理念、援非实力、援助侧重的领域和方式不同。不同的根源在于西方国家的援非是基于"援助者和受援者"的角度，拥有自我优越感，并对援助附加各种条件，以控制受援国并达到自身的目的。而中国对非洲的援助是处于平等互利友好合作的角度，对非洲的援助符合自身的条件，也更加追求实效。不过中国与西方援非的不同也说明了两者之间的互补性，中国可以借鉴西方国家援助非洲的宝贵经验。

不管是中国还是西方国家，对非洲的援助政策都是根据自己的发展

---

① 魏雪梅：《冷战后中美对非洲援助比较研究》，博士学位论文，中共中央党校 2011 年。
② 谢铿：《中欧对非援助——在分歧中寻求合作》，硕士学位论文，复旦大学 2012 年。
③ 吴丹：《中日对非援助的比较研究》，硕士学位论文，湖南师范大学 2012 年。
④ 苗群：《中日韩对外援助的比较研究》，硕士学位论文，吉林大学 2010 年。
⑤ 李伟涛：《中国与欧盟对非洲援助比较研究》，硕士学位论文，华中师范大学 2011 年。

战略不断调整。但与西方国家的援非相比,中国的援助更加注重实效,坚持"授人以鱼不如授人以渔"理念,而西方国家的援助附加了更多关于非洲国家政治制度改变的条件。诚然,良好的政治制度和管理体制是有效使用援助资金的必要条件,不过不顾非洲国家自身各方面的基础条件,盲目进行结构性调整,反而加重了非洲国家的政局动荡,导致经济倒退。赞比亚学者莫约(2010)[1]总结西方国家对非洲援助效果时认为"援助死亡了",而中国的援助注重非洲国家造血功能的提高,中国对非洲的援助更有效果。中国没有照搬西方国家对非洲的援助体系,也是因为中国认为自己的方式更加有效。

三、中非农业合作研究的理论基础

(一)国际援助理论

西方国家对外援助的实践形成了传统的国际援助理论。传统的国际援助理论主要包括国际政治学理论、国际关系学理论和发展经济学理论。国际政治学理论认为国际发展援助只会加强受援国统治阶级的利益,普通民众难以从中受益,而且国际发展援助会造成受援国对于援助的依赖,阻碍了国际分工。国际关系学派认为国际发展援助是援助国谋求霸权或维护国际利益的工具。发展经济学从经济发展的角度指导了国际援助的实践。基于不同的发展经济学理论,发展经济学历经现代化理论、凯恩斯基本需求论、新自由主义和新制度主义、新干预主义等理论。为了实现经济增长的目标,不同的发展经济学理论也形成了不同的援助侧重点,不同的援助发展目标,对受援国提出了不同的要求。比如说新干预主义认为国际援助失败的原因在于非洲国家缺乏实现发展的政治环境,所以国际

---

[1]　[赞比亚]丹比萨·莫约著,王涛、杨慧等译,刘鸿武校:《援助的死亡》,世界知识出版社2010年版。

发展援助要求受援国实行所谓的"良政"作为提供援助的条件。传统的国际援助理论是基于发达国家对不发达国家的援助而形成的,其目的一方面是维护发达国家的政治利益,另一方面是实现受援国的经济发展,不过援助国基于自身的优势地位,对受援国提出了很多附加条件。

如上一节所述,中国对非洲的援助理念不同于西方国家。中国对非洲的援助实践丰富了国际发展援助的内容,也推动着国际发展援助理论的创新。胡美①(2011)认为中国的援助理念植根于中国的传统文化,中国对非洲的援助是不发达国家之间的互利合作,"互利共赢"的援助理念形成了新的国际援助模式,日益成为不发达国家间交往的理论基础。张海冰②(2011)将中国的对非援助定义为"发展引导型"援助模式,坚持"平等互助、共同发展",强调"平等协商、互利互惠",致力于"以援助促发展,以发展促合作、以合作实现共同繁荣"。中国对非援助的理念和实践必会进一步丰富和拓展国际发展援助理论。

(二)农业技术扩散理论

国内外关于农业技术扩散理论的研究已经有了极其丰富的内容,形成了跨学科、内容丰富并拥有典型研究案例的领域(刘笑明,2006)③。其研究内容主要包括基于农户采纳行为的微观研究和基于技术采纳整体行为的扩散规律的研究。对于整体采纳行为的扩散规律的研究一般采用较复杂的扩散模型,由于模型高度抽象,对实践的指导意义受到限制。本书的研究主要是基于农户技术采纳行为的影响因素研究,用以诱导农民的行为,促进农业技术的广泛采用。国内关于农户采纳行为的影响因素的微观研究逐渐增多,不过这些研究在寻求理论一般化的过程中,往往忽视

---

① 胡美:《中国援非五十年与国际援助理论创新》,载《社会主义研究》2011 年第 1 期。
② 张海冰:《发展引导型援助:中国对非洲援助模式探讨》,载《世界经济研究》2012 年第 12 期。
③ 刘笑明、李同升:《农业技术创新扩散的国际经验及国内趋势》,载《经济地理》2006 年第 11 期。

了农户所处的经济社会背景的考察。农业技术扩散过程拥有极其复杂的机制，在扩散机制和扩散的影响因素的研究中，都没有形成确定的结论，农户是否采纳农业新技术与农户所处的经济社会背景密切相关。

因此，在农业技术采纳的研究中，需要明确研究对象所面临的制度、技术、市场等方面的约束，对新技术采纳的影响因素才能有准确的判断。不同研究者研究的新技术不同，研究对象不同，各研究对象面临的约束不同，所以会有不同的技术采纳影响因素。简单地根据别的研究者的结论来得出自己的研究假设，可能会导致研究假设与自己的研究结果相驳。比如孔祥智等[①]（2004）在研究西部地区农户禀赋对农业技术采纳的影响因素中，根据李毅夫（1994）和速水、拉坦（2000）等人的研究，假设经营规模对技术采纳具有正效应，不过在后文的数据分析中，得出经营规模对技术采纳的效应不确定的结论。同样，不同学者在研究不同技术的推广，所取的样本也不一样，得出了不同的结论是完全正常的。例如陈凤霞[②]（2010）在基于对黑龙江稻米主产区 325 户稻农调查的基础上，认为家庭收入的提高对稻农采用稻米质量安全技术有显著的促进作用；而喻永红等[③]（2009）基于对湖北省荆州市、钟祥市、当阳市、应城市 10 个行政村132 个农户调研的基础上，得出家庭收入的提高对农户采用水稻 IPM 技术没有显著的促进作用。在农业技术采纳的研究中，重要的是研究者需要明确自己研究对象所面临的约束条件，以及所研究的新技术与研究对象所面临的约束条件的兼容性，这样才能明确新技术被采纳的障碍所在并能有针对性地采取有效措施来进一步推广新技术。

---

①　孔祥智、方松海、庞晓鹏、马九杰：《西部地区农户禀赋对农业技术采纳的影响分析》，载《经济研究》2004 年第 12 期。

②　陈凤霞、吕杰：《农户采纳稻米质量安全技术影响因素的经济学分析——基于黑龙江省稻米主产区 325 户稻农的实证分析》，载《农业技术经济》2010 年第 2 期。

③　喻永红、张巨勇：《农户采用水稻 IPM 技术的意愿及其影响因素——基于湖北省的调查数据》，载《中国农村经济》2009 年第 11 期。

(三)国际直接投资理论

1. 国际直接投资理论分析框架

国际直接投资理论应用最广泛的当属邓宁教授提出的国际生产折中理论。折中理论认为企业如果拥有了所有权优势、内部化优势和区位优势就会进行国际直接投资。在国际投资的区位选择上,邓宁教授进一步系统分析了跨国企业的四种投资动机,即资源寻求型(R)、市场寻求型(M)、效率寻求型(E)和战略资产寻求型(S)四种动机及其投资东道国的投资环境对国外投资者的影响,投资环境主要包括东道国特定的环境(Environment)、体制(System)和政策(Policies)等因素配置或组合(ESP)。邓宁提出的国际投资折中理论和区位选择理论已经形成了比较完整的分析框架(肖光恩,2009)。

另外一个比较统一的分析框架是始于科斯的基于交易成本的内部化理论。科斯在《社会成本问题》一文中发现了市场的交易成本,如果企业的管理成本低于市场的交易成本,企业就有了存在的理由。所以在市场运转良好的情况下,企业间会不断分工并且相互间的依赖性增强,而在市场运转失灵的情况,企业会不断扩大自己的边界,以企业的管理成本来取代市场较高的交易成本。当企业的边界跨出了国界,就成了跨国企业。Buckley & Casson(1976)[1]进一步把国际投资理论的原理分成了两方面,一是企业内部化外部的不完全市场直到成本超过收益,二是由于生产要素的不完全流动而采用的对外直接投资以降低企业运营成本。以上国际生产折中理论和内部化理论两个分析框架并不是冲突的,内部化理论虽然给出了分析的方向,不过交易成本和管理成本涵盖广泛,对于交易成本和管理成本的分析必然也会涉及对企业的所有权优势和区位优势的分析。

---

[1]　Buckley PJ,Casson M. The Future of the Multinational Enterprise. London;Macmillan,1976.

2. 中国对外直接投资研究

对中国对外直接投资的研究主要集中在中国政府和中国的体制制度对中国对外投资的影响、中国企业对外投资的区位选择和中国对外直接投资所采取的方式等三个方面。Wang[①]（2012）通过研究新兴经济中政府在对外投资中的参与，认为政府的参与会影响对外投资的水平、区位选择和投资方式。Cui（2012）[②]认为中国的国有企业因为依赖中国制度提供的资源，所以会更加受到来自政府的压力，同时也会更加遵守投资国的管制。Kang（2012）[③]通过研究中国在东亚和东南亚的投资，发现在对外投资的影响因素中，中国的制度因素比经济因素的影响更显著。在投资的区位选择方面，Buckley（2007）认为与传统的投资选择不同，中国倾向于投资政治风险较大的地区，同时也倾向于投资与中国文化相近的地区、华人比较多的地区。Kolstad（2012）[④]通过2003年到2006年中国的对外投资研究，发现中国倾向于投资兼具资源丰富和基础设施落后的国家。由于中国体制的影响，中国的国有企业和私营企业展现出了不同的区位选择，中国的私营企业倾向于投资市场比较大的地区，而国有企业倾向于投资资源丰富而政治风险较高的地区（Ramasamy，2012）[⑤]。在投资方式方面，Child（2005）[⑥]通过中国跨国企业的案例研究，发现中国企业通过获

---

① Wang C，Hong J，Kafouros M，Wright M. Exploring the Role of Government Involvement in Outward Direct Investment from Emerging Economies. Journal of International Business Studies，2012，forthcoming.

② Cui L，Jiang F. State Ownership Effect on Firms'FDI Ownership Decisions under Institutional Pressure：A Study of Chinese Outward Investing Firms. Journal of International Business Studies，2012，43(3)：264 – 284.

③ Kang F，Jiang F. FDI location choice of Chinese multinationals in East and Southeast Asia：Traditional economic factors and institutional perspective. Journal of world business，2012(47)：45 – 53.

④ Kolstad I，Wiig A. What Determines Chinese Outward FDI. Journal of World Business，2012(47)：26 – 34.

⑤ Ramasamy B，Yeung M，Laforet S. China's Outward Foreign Direct Investment：Location Choice and Firm Ownership. Journal of World Business，2012，47(1)：17 – 25.

⑥ Child J，Rodrigues SB. The Internationalization of Chinese Firms：A Case for Theoretical Extension. Management and Organization Review，2005，1(3)：381 – 418.

取技术和品牌资产来获得竞争优势,采用的方式是合并或组合当地企业。Kimura(2013)[1]通过中国企业在南非投资的案例分析,发现中国企业为了获得与西方企业和当地企业的竞争优势,往往需要利用当地企业的商业资源,利用当地有影响力的企业的品牌销售产品。Cheung(2009)[2]发现中国的资本在发达国家会更集中,有抱团效应,而在发展中国家会更分散。

中国是新近崛起的国家,在如今世界经济秩序比较稳定并且高度竞争的情况下,在融入世界经济、提升自身地位的过程中,中国对外投资的方式会和西方国家不同。中国对外投资的研究要立足于中国现在的对外投资依然处于初级阶段的现实,中国对外投资在世界对外投资中的比重在2011年仍然不到5%。中国的对外投资企业相对缺乏技术和品牌上的优势,缺乏先进的管理经验和必要的市场份额,缺乏与国际上大企业竞争的经验,所以中国的对外投资可能会选择竞争相对宽松的地区进行投资,或者通过与国外大企业合作的方式进行投资。中国政府对国有企业对外投资也会有必要的支持和引导,因为中国的国有企业不但要追求利润,而且还要承担必要的社会责任。另外,中国的对外直接投资一直处于动态的不断变化中(Kang,2012),政府和企业的关系、企业对外投资区位选择和投资方式的选择都会随着形势的变化而不断变化。

(四)国际贸易理论

1. 国际贸易理论基础

国际贸易理论根据其立论基本前提可分为古典贸易理论和新贸易理论(佟家栋,2000)。古典贸易理论是以完全竞争市场为前提,以生产要素价格均等化为国际贸易的动因。新贸易理论以不完全竞争市场为前

---

① Kimura K. Outward FDI from Developing Countries: A Case of Chinese Firms in South Africa. IDE DISCUSSION PAPER NO. 385,2013:1 – 19.

② Cheung Y,Qian X. The Empirics of China's Outward Direct Investment. Pacific Economic Review,2009,14(3):312 – 341.

提,以企业追求规模经济和产品差异为国际贸易的动因。新贸易理论更好地解释了二战之后出现的国际贸易新形势,不过由于农产品的生产供给受到资源禀赋的更多制约,古典的比较优势理论仍然具有很强的解释力。另一方面中非农产品生产的规模都不大,很多学者从比较优势理论出发很好地解释了中国农产品贸易的结构(chen,2006;程国强,2005),所以本书的分析主要基于比较优势理论。

比较优势理论是大卫李嘉图在1817年提出来的,现在仍然是用来解释国际分工的主要理论。是什么内在的力量创造了比较优势? 本质上,对在不同国家同种商品成本不同有两种解释。一种是,一国可以比他国更有效地使用同样的资源。另一种是,一国可以比他国更廉价地获得关键的投入。李嘉图模型是两种解释的第一种。根据李嘉图理论,比较优势是国家间劳动生产率的不同引起的。如果一个国家比别的国家更有效率地生产一种商品,那么这个国家在这个商品上就具有比较优势。在国际贸易的背景下,一个国家将出口它比贸易伙伴更有效率生产的商品,而进口比贸易伙伴没有效率生产的商品。另外一个在国际贸易领域非常有影响力的理论是瑞典学者赫克歇尔和俄林提出的要素禀赋论,该理论是属于上述两种解释的第二种。根据要素禀赋论,比较优势决定于国家间生产要素供给的不同。一个国家对于自己相对富裕的资源密集型的商品具有比较优势并且倾向于在国际市场上出口这种商品。反过来,一个国家对自己相对缺乏的资源密集型的商品没有比较优势,而将在国际市场上进口这种商品。

2. 中非农产品贸易的已有研究

已有的中非农产品贸易研究主要集中于中非农产品贸易的结构、国别分布,以及比较优势、贸易互补性等指标的测算方面。孙东升等[1](2007)利用2004年到2006年中国海关统计数据,研究发现中国从非洲

---

[1]　孙东升、刘合光、周爱莲:《中非农产品贸易的结构与特征》,载《中国农村经济》2007年第11期。

主要进口棉花、烟草和油籽等农产品,中国对非洲主要出口茶叶、蔬菜、水果及其制品;识别出非洲主要的农产品贸易国并利用相对贸易优势指数来表示中非农产品比较优势特征。徐徐[①](2009)利用 2007 年的中国海关统计年鉴数据,分析了中非农产品贸易的结构、国别分布等,不同的是文中将木材纳入农产品范围,并认为木材是中国从非洲进口额最大的农产品。杨军等[②](2012)利用 1996 年到 2010 年联合国商品贸易统计数据库的中非农产品贸易的数据,研究发现中国从非洲进口的农产品结构与孙东升等的研究近似,不过在中国对非洲出口的农产品中,加工农产品的出口额在 2008 年超过了茶叶、蔬菜等园艺产品。杨军等进一步利用巴拉萨(Balasa)的显性比较优势(RCA)指数测算了中非各自农产品的比较优势。刘林青等[③](2010)分析了非洲农产品的国际竞争力,并利用出口相似度指数和贸易强度指数分析了非洲与中国贸易的互补性,认为中非农产品贸易是互补关系。另外,张海森等[④](2009)年利用引力模型分析了中非农产品贸易的决定因素和潜力,杨文倩等[⑤](2013)详细分析了 1992年到 2010 年中非农产品贸易国别的时空变化。

　　这些研究结果基本符合中国农产品贸易的特征,中国在劳动密集型的农产品上具有比较优势,而在土地密集型的农产品上不具有比较优势。不过这些研究还存在着一些不足:一是指标的选取不够合理和准确。不管是孙东升等选择的相对贸易优势指数和杨军等选择的显示比较优势指数,都涉及进口和出口。中国从非洲进口农产品是由非洲国家农产品在中国市场上的竞争力决定的,而中国对非洲国家的出口又决定于中国农

①　徐徐:《中非农业合作的现状及其前景》,载《国际贸易问题》2009 年第 11 期。
②　杨军、杨文倩、李明、王晓兵:《中非农产品贸易结构变化趋势、比较优势及互补性分析》,载《中国农村经济》2012 年第 3 期。
③　刘林青、周潞:《非洲农产品的国际竞争力及与中国贸易互补性分析》,载《国际贸易问题》2010 年第 4 期。
④　张海森、谢杰:《中国非洲农产品贸易的决定因素与潜力——基于引力模型的实证研究》,载《国际贸易问题》2011 年第 3 期。
⑤　杨文倩、杨军、王晓兵:《中非农产品贸易国别变化时空分析》,载《地理研究》2013 年第 32 卷第 7 期。

产品在非洲国家市场上的竞争力。进口和出口不同的影响因素使得上述文献所选取的指数对实践的指导意义不大;二是为了对中非农产品贸易的发展有更深入的认识,需要从非洲的角度来考察中非农产品贸易对非洲国家的重要性。

第三章 破解中国对非农业技术传递的困境——以埃塞俄比亚为例

一、中国对非洲的农业技术传递的现状和问题

中国对非洲的农业技术传递是中非农业合作的重要组成部分,也是中非农业合作历史最悠久的合作形式。非洲丰富的未开发的农业资源和中国丰富的实用农业技术的互补性决定了中国对非洲农业技术传递的可行性、必要性和巨大潜力。中国对非洲的农业技术传递是本书的重要研究内容。

广义上,中国对非洲的农业技术传递范围很广,包括资本品(如机器设备)的进出口、国际技术贸易和国际直接投资等。资本品的进口物化了外国的技术,是一国的技术转移到另一国的一个重要媒介;国际技术贸易的主要形式有许可证贸易、咨询服务和技术服务、合作生产等;国际直接投资通过劳动力的雇佣与培训或通过提供高质量的产品而对国内的企业产生正向溢出效应,某些技术还可能通过在母子公司之间共享而转移到东道国。不过基于中国对非洲的农业技术传递主要是为了提高非洲国家的农业生产水平,此部分只考虑中国对非洲农业技术提供的服务,不包含国际直接投资和商品的贸易。国际直接投资和商品贸易的主要动力并不在于技术传递,这两部分在本书的第四章和第五章分别考虑。

本书此部分的研究范围(见第二章的第一节)主要包括中国援建农场、农业技术试验站、农业技术推广站,派遣农业技术专家,培训农业技术人才以及最近几年开始援建的农业技术示范中心等。

援建农场是中国对非洲的农业技术传递最早的方式之一,是期望通过农业的规模化经营提高农业生产力,解决非洲国家的农业问题。通过援建农场,中国也援助了很多大型农业机械,带来了先进的农场管理技术。20世纪60—70年代,中国在非洲的多个国家援建了大量的农场。援建农场的原因不仅是因为非洲国家农业发展的需要,而且当时也是中国农业发展的一个经验。当时以军队为主力和兵团管理为主要模式的屯垦戍边农场建设,是中国农业发展的重要力量,这种模式是希望通过集中人力的投入来解决农业总体投入不足的问题。不过农场需要政府具有极强的动员能力和管理能力,而非洲国家的政府管理能力很弱,导致农场移交给受援国之后,农场管理就会出现难以为继的困难。农场的纯援助形式开始向中非合资合作和中国企业独资运营转变。

援建农业技术试验站和推广站也是中国主要的农业发展经验。中国自20世纪50年代就建立了比较完整的农业技术推广体系,该体系是中国农业技术得以快速传播和扩散,并转化为农业生产力的有效途径。不过农业技术试验站和推广站作用的体现,需要国家强有力的财政和行政支持以及训练有素的技术人员。同援建的农场一样,受援国的管理能力实在有限,试验站难以维持运作,需要中方的持续投入。鉴于农业技术试验站的问题,从2006年开始,中国在非洲国家援建的农业技术示范中心采取了中国农业企业和科研院所承包运营的形式。农业技术推广由企业来经营也是国内出现的新趋势,但是技术推广具有公共物品的性质,需要政府的财政支持。为了保证可持续发展,在非洲建立的农业技术示范中心在中国政府不再提供财政支持而非洲国家又难以提供财政支持的情况下,有可能会把经营的中心从提供技术推广的公共服务转向以农产品市场化经营的盈利性活动。这不利于中国对非洲的农业技术传递工作,也会对中国的形象造成不好的影响。但是如果农业技术示范中心只重视在当地的农业技术示范和推广,一旦缺少国家财政支持,又会出现难以为继的问题。目前已经建立的 20 座农业技术示范中心,只有湖北省农垦事业管理局、四川华侨凤凰集团、袁隆平农业高科技股份公司找到了各自的发展模式,农业技术示范中心的可持续发展状况堪忧。农业技术示范中心如何在公益性和自身盈利性之间权衡,做到两者之间的有机结合具有重要的现实意义。从比较成功的农业技术示范中心的经验看,把中国的农业技术推广经验和非洲国家当地的实际情况相结合是解决此问题的有效途径。

派出农业技术专家是中国对非洲的农业技术传递实施最早的方式之一。在 20 世纪六七十年代,中国就应非洲国家的邀请,派出专家组指导各种作物的种植技术、兴修水利技术。在中非合作论坛的推动下,2006年到 2009 年中国向非洲先后派出了近百名农业技术专家,在 2009 年,中方进一步承诺 2010 年至 2012 年将向非洲派遣 50 个农业技术组。中方派出的农业专家主要来自国内农业技术研究和推广的第一线,专家的援助领域以种植业和农产品加工为主,覆盖蔬菜、园艺、农机、养殖、水利、畜牧,以及农业政策规划制定等方面。中国派出农业技术专家对中国的农业技术传递起到了积极的作用,不过由于非洲国家农作物种植缺乏地域连续性,农业技术推广体系不完善,中国农业技术扩散的效果有限。另一方面,中国派出农业技术专家由于覆盖国家多,覆盖领域广,难以对其进行比较科学的效果评估,评估也仅仅是来自农业专家的报告。不过派出农业专家具有针对性强,成本低,非洲国家不易形成援助依赖等优点,在中国农业技术传递工作中会一直占有必要的地位。

为非洲培训农业技术人才也是中国对非洲实施农业技术传递的方式之一。技术传递的效果除了与技术差距有关,也与受传递方的新技术的接受能力有关。非洲国家农民的教育水平普遍很低,技术接收能力低下,对非洲进行农业技术人才的培训能缓解此现状。在 2009 年中非合作论坛上,中国宣布在 2010 年至 2012 年为非洲国家培训 2000 名技术人员。农业技术人才的培训有两种形式,一是中国派出的农业专家和援建的示范项目在受援国开展的培训,比如农业技术示范中心,一般都承担着在当地进行农业技术培训的任务,这种培训具有较强的针对性。二是邀请非洲的农业官员、技术人员来中国进行培训。此类培训对于不同国家的农技人员进行同样的培训,针对性不强,而且时间一般很短,培训的效果很有限。另外,接受非洲的留学生和进修人员,也是为非洲培训农业人才的重要方式。中国为非洲提供的奖学金名额在 2006—2009 年是 4000 人次,2010—2012 年增加到 5500 人次,2013—2015 年增加到 18000 人次,数额大幅增加。所以在农业院校可以看到越来越多的非洲留学生。

中国对非洲的农业技术传递历经半个多世纪的历史,经历了多种方式,有的方式已经很少再采用,比如援建农场和援建技术推广站等,有些方式是最新采用的,比如援建农业技术示范中心,还有些方式会一直持续下去,比如派遣农业技术专家和培训技术人员等,这些方式越来越朝着制度化和规范化的方向发展。针对农业技术传递效果欠佳的原因,李小云等(2010)指出主要在于"中国对非洲的农业援助战略主要是从中国的经验出发",没有考虑到"非洲国家相应的配套措施和能力",郧文聚(2000)也表示"最大的问题是没有像合作双方期望的那样,把中国发展农业的思想、理论和经验进行成功地嫁接"。所以中国对非洲的农业技术传递没能有效结合非方的实际是中国对非洲农业技术传递效果不佳的症结所在,毕竟中国对非洲的农业技术传递需要双方共同的努力。

为了分析中国对非洲的农业技术传递成效不佳的难题,需要对非洲农业有更深入的了解。为此,课题组选择了埃塞俄比亚奥罗莫州津奇地区的农村进行了调研。调研地点的选择主要出于三个原因。一是埃塞俄比亚是传统的农业国家,人口有 8000 多万,农业人口占 85% 以上,农业GDP 约占 GDP 总量的 46%,农产品出口创汇占总出口的 80%—90%,中国与埃塞俄比亚的农业合作比与非洲其他国家的农业合作更有其重要性。二是埃塞俄比亚是撒哈拉以南非洲唯一没有被殖民过的国家,与其他非洲国家不同的是,埃塞俄比亚有比较完整的农业体系。农业以农户为基本的农业生产单位,土地归农民所有,农民除了要上交一部分农业税之外,农民自负盈亏。这和实行了家庭联产承包制初期的中国很相似。所以中国的农业技术在埃塞俄比亚的传播有着更好的基础和更多可能性。三是中国在埃塞俄比亚奥罗莫州津奇地区援建了中埃农业技术示范中心,该中心于 2012 年 6 月开始运营,承担着在当地示范和传递中国农业技术的任务。

本章通过对埃塞俄比亚奥罗莫州津奇地区农业的深入调研,了解当地农业农民以及农产品市场状况,研究当地农户吸收中国农业技术的局限所在,探讨在当地中国对非洲农业传递的可能性和具体措施。本章的研究能为中埃农业技术示范中心的农业技术传递工作和实现自身的可持续发展提供努力的方向和有益的建议,希望能为增进中国的农业技术传递的效果提供有益的探索,本章的研究对于中国与其他非洲国家的农业技术传递也有重要的借鉴意义。本章安排如下:第二节给出埃塞俄比亚奥罗莫州津奇地区背景介绍和课题组在当地实施的问卷调查情况;第三节根据实地调研的结果,并结合问卷的数据,给出奥罗莫州津奇地区的农业基本状况;第四节根据问卷的数据,利用回归分析方法,分析当地农户技术采纳的影响因素;第五节在以上研究的基础上,给出农业技术示范中心发展的思路和建议,尤其是如何实现示范中心公益性和盈利性的结合;最后是本章小结。

二、埃塞俄比亚奥罗莫州津奇地区
背景介绍和问卷调查

(一)奥罗莫州津奇地区背景介绍

1. 奥罗莫州津奇地区地理位置

埃塞俄比亚国家按民族平等的原则,实行民族区域自治和联邦制,全国划分为 9 个州和 2 个直辖市(region),各州拥有高度的自治权。奥罗莫州(Oromia)是埃塞俄比亚最大的州,拥有最多的人口,是埃塞俄比亚粮

食的主产地之一,所以奥罗莫州农业在埃塞俄比亚具有典型性。地区(region)下面设区(zone),区(zone)下面设哇瑞达(woreda),哇瑞达是第三级也是最小的地方政府部门。哇瑞达下设柯贝勒(kebele),柯贝勒是最小的行政单位。中埃农业技术示范中心所在的津奇地区位于丹迪(Dandi)哇瑞达,丹迪(Dandi)哇瑞达属于西绍阿(west shewa)区(Zone)。丹迪哇瑞达下设48个行政柯贝勒和5个行政镇(town)。丹迪哇瑞达的行政中心在津奇镇(Gincin)。津奇镇位于埃塞首都亚的斯亚贝巴以西78公里的地方。中埃农业技术示范中心处于津奇镇以西5公里。中国援建的中埃友谊路连接首都亚的斯亚贝巴和丹迪哇瑞达的西部接临城市安保(Ambo),中埃友谊路贯穿丹迪哇瑞达。

2. 奥罗莫州津奇地区农业政策和市场情况

当地政府逐渐放松了对市场的管制,除化肥和种子外,其他农业投入品和农产品都可以在市场上自由交易。当地集贸市场非常活跃,涌现出很多中间商,他们收购农产品再卖到首都。随着市场的繁荣,津奇镇也出现了一些工作机会,而且政府鼓励个人创业。津奇镇租房需求不断增加,地价在不断上涨。

3. 奥罗莫州津奇地区主要农作物

埃塞俄比亚奥罗莫州津奇地区的主要农作物有苔麸(teff)、小麦(wheat)、鹰嘴豆(chickpea)、草豌豆(grass pea)等。苔麸起源于埃塞俄比亚,是埃塞俄比亚最主要的传统谷物粮食作物,苔麸面粉是埃塞俄比亚人特别钟爱的主食英吉拉(injera)的原料。苔麸的秸秆可以用来喂牛,也可以用来和泥混在一起涂在木头房子的外侧。所以苔麸已经融入了当地人的生活,苔麸的价格一般是小麦价格的两倍。所以虽然苔麸的产量低且不稳,埃塞俄比亚学者和政府高官建议政府适当缩减苔麸种植面积而加大玉米、水稻、谷子等高产优势作物,逐步摆脱粮食安全的困扰,但是苔麸的种植面积仍然有增无减(赵荣华,2012)[1]。因此不断增加苔麸的单产,

---

① 赵荣华:《埃塞俄比亚的稀特粮食作物——苔麸》,《世界农业》2012年第12期。

就成为非常好的选择。

4. 埃塞俄比亚农业技术推广体系

埃塞俄比亚的农业技术推广体系也主要根据联邦的行政区划来设立。最高级别的农业机构是联邦农业办公室,级别往下依次是地区(region)农业局、区(zone)农业办公室、哇瑞达(voreda)农业办公室。哇瑞达农业办公室负责农业技术推广项目的规划。哇瑞达农业办公室下设农业技术推广组(Agriculture extension team),具体负责农业技术推广的实施,包括培训和发展农业技术推广人员,协调和分配新的农业机械,以及监控农业技术推广效果等。在每一个最小的行政单位柯贝勒(kebele)里面一般有三位技术推广人员,主要负责对农户进行新技术的培训。最近几年政府推广的技术主要有 BBM(Broader Bed Maker)和条播(Row Planting)技术。埃塞俄比亚土壤是高黏性土壤,储水能力强,不适应种植不耐涝的作物如小麦等。BBM 技术是在田地里留出排水沟,所以 BBM 技术主要是针对于小麦的种植,也可以用于其他作物。条播技术主要针对埃塞俄比亚的主要农作物苔麸(teff)。埃塞俄比亚的农业以前都是粗放型撒播,据了解,采用传统撒播,苔麸的单产为 1000 公斤/公顷,使用条播可以达到 2500 公斤/公顷。条播技术从 2012 年开始推广。本章第四节主要研究条播技术的推广①。

5. 奥罗莫州津奇地区农业生产技术水平

农业生产包括耕地、播种、施肥、打药、收割、运输、脱粒、储存等全过程。在当地耕地靠牛;播种靠撒;施肥也是撒肥;打药是喷雾器;收获用镰刀,其柄很短,人要半蹲着作业;运输用毛驴,其运输能力很弱;脱粒靠牛踩,费时还脱粒不干净;最后是存储,农民的住房里有自制的木质存储设施,容量约 500 斤,但由于住房简陋,雨季来临之前必须将粮食卖掉。埃塞俄比亚雨季在 6 月到 9 月,其他月份都属旱季,主要作物在 8 月种,次

---

① 条播技术并不是中国特有的农业技术,不过播种方式的不同强烈地影响着中国的农业技术在非洲国家的适用性,而且当地政府的推广使得条播技术的影响因素更能真实地体现出来。所以本书选择了条播技术作为研究对象。

年1月收。在次年雨季来临之前,有时粮价还较低,但农户却不得不卖掉粮食。储粮设备的落后使农户利益受损,抗灾能力很弱。从埃塞俄比亚的农业生产的全过程看,技术水平非常低下,由于缺乏必要的工具,在生产的每一个环节几乎都依赖人力。

(二)问卷调查

1. 问卷调查的目的和样本点的选择

中国对非洲的农业技术传递成效不佳的主要原因在于中国对非洲的技术援助主要是基于中国的经验,而相对缺乏对于非洲农业的了解。因此问卷调查的目的在于深入当地农业情况,再根据对当地制度、技术和市场的考察,找出当地农户采纳新技术的局限所在,为今后中国农业技术的扩散提供有益的思路和建议。

调研的奥罗莫州津奇地区所在的丹迪哇瑞达下设48个行政柯贝勒和5个行政镇(town),丹迪哇瑞达的行政中心在津奇镇(Gincin)。为了选取的样本更有代表性,依据距离行政中心津奇镇的远近,调研选取了丹迪下设的48个行政柯贝勒中的10个,在津奇镇以西选择了五个柯贝勒,分别是 Gololee Bolloo、Awash Bolloxo、Awash Bolle、Gatiro Lafftoo、Sumbola Shikoo,在津奇镇以东选择了五个柯贝勒,分别是 Yubdoo Leg Batu、Kela Embortu、Calalaga、Jamjam Lao Baatuu、Danno Ejersa Gibe。每个柯贝勒的农户数一般在500户左右,每个柯贝勒调研选取的样本量是32户,样本基于随机选取的原则。调研的数据是2012—2013年农户的农业数据。

2. 问卷设计和内容

问卷设计主要是围绕问卷调查的目的,基于技术采纳的主要理论并结合当地的实际情况进行设计。所以在问卷的设计之初,在当地进行了预调研,预调研的主要收获有了解了当地正在推广的新技术及新技术的基本特性,农户主要种植的农作物种类,农作物的生长期,农户主要的畜牧业种类,当地的土地制度,农村的基层管理体制和农户使用的计量单位等。在具体编写问卷时,考虑到调研时语言沟通的问题,每个问题都要做到客观清晰,尽量避免主观题目和有歧义的题目。在问卷设计的形式方面,题目类型是填空题和选择题。填空题用于农户基本信息的填充,选择题主要涉及农户的认识,在表达认识程度时,一般沿用五分量表。问卷题目数量要适中,既要获得需要的数据,也要避免时间过长,保障问题回答的准确,避免受采访人出现敷衍的情况,一份问卷在半小时左右完成。

　　问卷调查的主要内容是当地农业的基本情况和农户采纳新技术的情况。当地农业的基本情况主要包括农民的土地数量,种植的作物种类和面积,农业的投入和产出,农业投入品和农产品的销售价格等。关于新技术的选择,因为中埃农业技术示范中心开始运营不久,还没有真正实施某项中国农业技术的推广,所以只能将当地政府推广的农业技术作为研究对象。根据预调研,最近几年当地政府推广的技术主要有 BBM(Broader Bed Maker)和条播(Row Planting)技术。当地农业传统的播种技术是撒播,而中国的作物和蔬菜都是条播,这使得基于条播的中国农业技术在当地并不适用。播种方式的不同限制了农户采纳中国的农业技术,条播技术的推广为下一步中国的农业技术的推广奠定良好的基础。不过条播技术推广两年来,不到一半的农户采用过条播技术。所以课题组选择条播技术的推广作为主要调研对象。农户是否采纳新技术受到户主和家庭特征、农场特征和所处环境等一系列因素的影响,为了找出农户采纳新技术的局限所在,问卷需要包含户主和家庭特征、农场特征和所处环境等一系列因素。

表 3－1　问卷包含的内容

	主要内容	子内容	对应问题
Section 1	户主特征	姓名、性别、年龄、兄弟姐妹数量、宗教、受教育年限、农场经验、是否合作社成员、是否有移动电话	1

续表

	主要内容	子内容	对应问题
Section 2	家庭资源	家庭最长受教育年限	2
		人口数量、孩子数量、劳动力数量、有无佣人	3
		家庭土地数量及类型	4
		2012年主要农作物种类、收成及卖到市场的收入	5
		家庭主要畜牧种类、数量及卖到市场的收入	6
		家庭主要作物运输工具	7
Section 3	农业投入	农作物的种子、尿素、磷肥、除草剂、杀虫剂	8
		劳动力投入：雇佣劳动、互帮互助、分成收入劳动	9
Section 4	非农工作机会	户主打工收入、家庭其他人员打工收入、自营收入	11—13
Section 5	农业技术采纳	条播技术的开始使用时间、年限、是否接受过培训	14
		对条播技术特性的认识	15
		融资限制、信息限制	16—17
Section 6	地理特征	离最近的公路、最近的市场、培训中心的距离	32—34

经过以上设计、分析和修改，最终形成的调查问卷共六部分。一是户主或受采访人的基本特征；二是农户的家庭农场特征、农业产出和收入；三是农业投入；四是农场外的工作机会；五是农户技术采纳情况；六是农户家庭的位置特征。各部分涵盖的主要内容和对应的问题，如表3-1。

3. 问卷调查的实施和回收

问卷调查最大的问题是语言障碍，当地的农户不会讲英语，使用的是当地语言。课题组到埃塞俄比亚之后先找到一个可靠的翻译，与其建立了不错的友谊。然后在翻译的帮助下，调研获得了当地政府的许可函。在设计出问卷需要实施的时候，考虑到问卷调查的时间长度，又找到一个翻译。在实施问卷调查之前，对两个翻译进行了问卷内容的认真讲解，与翻译就问卷中的每一个问题进行反复沟通，保证每个问题都理解无误。在与翻译的沟通中，发现有些问题不符合当地实际，又进行了一些调整。在问卷调查的实施过程中，也出现了各种各样的问题，比如说家庭孩子的数量问题，有些男人有多个妻子（法定妻子只有一个），孩子数量也就比较多,但又不住在一起,如何确定孩子的数量,最后是以正在抚养的孩子为准。

调研的具体实施得到了行政柯贝勒负责人的支持。每个柯贝勒的农户数一般在 500 户左右,预定要选取的样本量是 32 个,如何在这些农户中选择受访者?如果带着翻译去农户家里调查,除了道路难走(因为在雨季),翻译的时间和精力也无法保证,所以多亏柯贝勒负责人的召集,调研才得以顺利进行。不过对柯贝勒负责人我们也有明确要求,所选取的样本必须是基于随机选取的原则。

调研的时间安排:预定调研 10 个柯贝勒,每个柯贝勒调研 32 个农户,得到 320 份问卷。每个柯贝勒调研 32 个农户,至少需要两天时间,一天 16 份问卷,一个翻译一天 8 份问卷,一份问卷大概 30 分钟,所以翻译每天的工作时间是 4 个小时,中午还需要休息,加上路途上的时间,每天的工作时间也已经足够。这样工作天数总共是 20 天。因为调研期间有埃塞俄比亚新年,需要休息,还有每周的星期日也需要休息,所以调研前后花了约 30 天时间。

每天的调研由两个课题组人员跟随两个翻译去农村,以便对翻译的问卷调查过程进行必要的监督以确保问卷质量。每份问卷在做完后,课题组人员都对问卷进行仔细检查,对有漏选、错选或问卷记录不清楚的问题进行及时纠正。即使当时未发现,后面发现了问题也会通过电话联系到受访农民进行确认,确保每份问卷都真实有效。因为调研第一天翻译对问题还不太熟悉,出现的问题也较多,每个翻译只做了 6 份问卷,所以最后回收到 316 份问卷。

4. 问卷的信度和效度

问卷的质量关系到调查所获得的信息是否可靠和有效,衡量问卷质量的关键指标是问卷的信度和效度。问卷的信度和效度分析是调查研究工作的一个重要环节。

(1)问卷的信度

信度是衡量没有误差的程度,也是测验结果的一致性(consistency)

程度。常用的信度指标有再测信度(test-retest method)、折半信度(split-half method)、复本信度(equivalent-forms method)、库李信度(Kuder-Richardson reliability)。再测信度是让同一组受测者,在前、后两个时间内测验两次,以其两次测验的结果求其相关系数;折半信度是将受测题目分成两半,然后再以前半段之题目与后半段之题目做相关比较;复本信度是同一个测验中有甲、乙卷两种以上的复本,由一组受试者先用甲卷进行测试,同组人或另外一组人再用乙卷进行测试,求这两种测验的结果的相关系数;库李信度是目前流行的信度评价方法,主要是根据 L. J. Cronbach 提出的克朗巴哈 α 系数,检测问卷题目的一致性。

　　根据本问卷的研究目的和设计原则,问卷主要是调查当地农业的基本情况和条播技术采纳的影响因素。不仅当地农户的基本情况是客观的,条播技术采纳的影响因素也主要是由户主和家庭基本特征、农户所有的资产和社会资本以及地理位置等组成,也都是客观的,所以问卷题目的设计力求客观性。在问卷信度方法的选择上,再测信度是最适合的。不过再测信度的衡量需要对同一组调查对象进行重复测试,而且重复测试的时间间隔原则上在 2 周左右。为了检测本问卷的稳定性,考虑到问卷的实施状况,对同一个柯贝勒前后两天的调研内容进行相关性检验。但并不是对所有的问题进行相关性检验,这里选取苔麸(teff)和小麦的生长期、苔麸(teff)的价格、苔麸(teff)种子的价格、尿素(Urea)的价格、复合肥(Dap)的价格、农户所面临的融资和信息限制、农户家离最近公路和最近市场的距离等变量进行稳定性检测。为了对两次调查结果进行相关样本差异的显著性检验,使用 SPSS 的非参数检验进行两个非正态总体差异的检验,检验结果如表 3 - 2。

表 3 - 2 Wilcoxon 带符号秩检验统计量

变量	苔麸生长期	小麦生长期	苔麸价格	苔麸种子价格	尿素价格
Z	- 0.728	- 0.809	- 1.012	- 0.099	- 1.536
渐进显著性	0.467	0.418	0.312	0.921	0.125
变量	复合肥价格	融资限制	信息限制	最近公路距离	最近市场距离
Z	- 0.334	- 0.061	- 1.487	- 2.585	- 2.644
渐进显著性	0.738	0.951	0.137	0.010	0.008

由检测结果可以看出,在对同一个柯贝勒前后两天的调研中,调研内容前后没有显著性差异,调研内容稳定。有显著性差异的两个变量是农户家庭与最近公路的距离和与市场的距离,这两个变量有显著差异是因为前后两天的样本选择一般是基于同个柯贝勒的不同区域,有显著差异在预料之中,同样说明问卷内容的可信性。

(2)问卷的效度

效度是指衡量的工具是否能真正衡量到研究者想要衡量的问题。信度是表明调查结果的稳定性,效度是衡量调查结果的准确性,信度是效果的必要条件而不是充分条件。从不同视角考察问卷的效度,就有了不同种类的效度。常用的效度指标有内容效度(content validity)、效标关联效度(criterion-related validity)、建构效度(construct validity)。内容效度以研究者的专业知识来主观判断所选择的尺度是否能正确地衡量研究所欲衡量的东西。效标关联效度是指使用中的衡量工具和其他的衡量工具来比较,看两者是否具有关联性。结构效度就是指理论上问卷能够测量出内在结构的程度。在三种效度指标中,结构效果是比较理想的方法,统计学上检验结构效度常使用的方法是因子分析。

就本书的问卷来说,问卷题目大都是调查农业的基本事实,各个题目之间没有理论上的公共因子。所以考察问卷的效度主要使用的是内容效度指标。农业的基本情况包括农民拥有的土地和牲畜资源情况,农作物的投入和产出,农民的农业外收入(包括打工收入和自营收入)等。条播技术的采纳情况包括是否听说过,是否采用过,采用的开始年份,采用的土地面积,对条播技术知识的掌握情况等以准确反映农户对条播技术的采纳行为。农户的技术采纳行为受到农户的自身特征和社会制度技术市场等宏观因素的影响,问卷调查主要调查的是农户的自身特征,社会制度技术市场的考察包含在上述对奥罗莫州津奇地区的背景介绍中。根据农户对技术采纳的理论和实证研究,农户的自身特征在问卷中主要体现在户主的人力资本、资产和金融资本、社会资本和信息来源以及地理特征等四个方面。人力资本主要由户主性别、年龄、农场经验、受教育年限、家庭规模、家庭劳动力数量等变量来体现;资产和金融资本主要由土地数量、牛的数量、驴的数量、雇佣劳动支出、化肥农业投入、农业外的收入和融资限制等变量来体现;社会资本和信息来源主要由户主的兄弟姐妹数量、是否是合作社成员、信息限制、受培训次数等变量来体现;地理特征变量主要由最近公路的距离、与最近市场的距离及与柯贝勒行政中心的距离来体现。对于农户采纳新技术的动态变化,问卷中没有体现,问卷只是对农户 2012—2013 年的农业状况进行了调查。理论分析和后面的数据分析都表明,问卷所设的题目较好地体现了课题组的调研思路,达到了课题组的调研目的。

三、埃塞俄比亚奥罗莫州津奇地区农业基本状况

(一)埃塞俄比亚奥罗莫州津奇地区农业的年龄结构

根据当地政府的普查,丹迪哇瑞达 2013 年的人口数量预计为205555 人。其中农业人口 151285 人,男性 76447 人,女性 74638 人。城镇人口 23320 人,男性 14619 人,女性 14559 人。丹迪的农业用地面积72664hm^2,放牧用地 19080hm^2,森林占地 9685hm^2,水域 804hm^2,未利用土地 1205hm^2。

埃塞俄比亚实行联邦制,各地区有高度的自治权(钟伟云,1998)①。1997年《土地法》提出分权管理,允许各州实行自己的土地政策与法律(黄贤金,2013)②。奥罗莫州的土地制度是世袭制,父母把土地作为礼物赠送给儿女。农业是埃塞俄比亚的主要产业,土地是农民的主要财产和生活来源。这样的土地制度使得津奇地区的农业经济有了明显的年龄结构。见表3-3。

表3-3　奥罗莫州津奇地区的农业年龄结构

	样本数量	孩子数量	土地拥有量(ha.)	土地租赁量(ha.)	牛拥有量	为他人打工比例(%)	创业比例(%)	会员比例(%)	受教育年限
30及以下	61	2.18	1.19	1.03	3.97	45.90	26.23	70.49	5.67
30-40(含)	125	4.66 ***	1.54 **	0.92	5.98 ***	55.20	31.20	75.20	4.92
40-50(含)	91	7.10 ***	2.55 **	0.53 **	7.53 ***	30.77 ***	16.48 **	80.22	4.84
50以上	39	7.08	3.76 ***	0.25 **	7.79	20.51	15.38	89.74	2.74 ***
各年龄段	316	5.17	2.03	0.75	6.27	42.09	24.05	77.53	4.77

数据来源:调研数据。***、**、*分别表示与上一年龄段的平均值相等在1%、5%、10%水平下显著。

埃塞俄比亚家庭的孩子多,40岁以上家庭的孩子数量平均在7个以上。年纪愈小,户主的土地拥有量越少。土地数量越少,租赁土地、为别人打工或自己创业的需求越大。牛在埃塞俄比亚农业生活中扮演着重要的角色,一方面在农业中耕地需要牛,谷物收获之后的脱粒也需要牛。另一方面,因为牛肉是埃塞俄比亚人肉类食物的主要来源,牛肉还可以出口,所以牛的市场价格不菲,牛可以作为农民财富的象征。从表3-3可以看出,土地拥有量和牛拥有量随着年龄的减少而减少,土地租赁的数量随着年龄的减少而增加。

另外一个重要的变量是会员比例。在最基层的行政单位柯贝勒里,

---

① 钟伟云:《埃塞俄比亚的民族问题及民族政策》,载《西亚非洲》1998第3期。
② 黄贤金:《非洲农村土地制度与粮食生产安全》,在2013年4月16日中非农业合作论坛网站,http://www.focac.org/chn/xsjl/xzhd_1/1/t1031513.htm。

都会成立农业合作社。柯贝勒的农民有农业合作社的会员和非会员之分。由于农户个人缺乏好的运载工具和粮食储藏设施,农业合作社在农业投入品的购买和农作物的收购方面起着重要的作用。在此过程中会员和非会员有着不同的权利。在农业投入品的购买方面,因为化肥和改良的种子的购买是受政府的严格控制,只能由农业合作社集体购买。农业合作社购买农业投入品后,农民从农业合作社购买,会员可以从农业合作社赊账,等收获卖掉粮食后归还,而非会员只能用现金购买。在农作物的收购方面,由于农户的房子都是木头房子,外面涂些牛粪或混了茅草的泥巴,非常简陋,阴暗潮湿,不适合粮食储藏。当雨季来临的时候,农户可以把自己的粮食卖给农业合作社,价格按照当时的市场价格减去必要的交通成本。农业合作社建有适合储藏粮食的仓库,农业合作社收到粮食后会先存储,等价格增加到很高时去市场卖掉,一般是新粮食收获之前。这中间的价格差成了农业合作社的收益,这些收益在会员之间按照会员的表现分配。非会员则没有分配的权利。从表3-3可以看出,年纪越小非会员的比例越高。不过会员的比例差别不显著,总的会员比例达到了77.53%。

埃塞俄比亚的年轻人越来越体会到生存的压力,尤其是30-40岁的农民,为他人打工的比例和自己创业的比例都高于30岁以下的农民。不过,不断增加的生存压力会增加受教育的需求,平均土地拥有量的减少也会增加对高产农业新技术的需求。

(二)埃塞俄比亚奥罗莫州津奇地区的主要农作物单产和影响因素分析

1. 苔麸和其他一些作物单产的变化趋势

奥罗莫州津奇地区种植面积较大的作物主要有苔麸、小麦、鹰嘴豆、草豌豆。图3-1是近10多年来四种作物单产水平的变化。从图中可以看出:(1)每种作物的单产有逐渐上升的趋势,不过上升趋势不大;(2)小麦的单产明显高于苔麸,苔麸的单产和鹰嘴豆、草豌豆的单产水平相当,鹰嘴豆和草豌豆的优势在于生长期较短,可以和小麦同一年内轮种;(3)整个地区苔麸的单产水平逐年波动较小,相对较稳定。

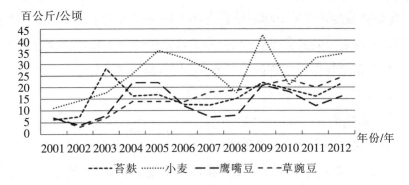

数据来源:津奇镇农业局,单位:百公斤/公顷。

图3-1 奥罗莫州津奇地区的主要农作物的单产水平变化趋势

另一方面,根据调研数据,得到了农户2012-2013年作物单产水平的分布,见图3-2。

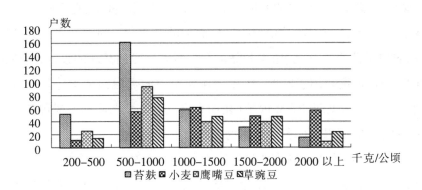

数据来源:调研问卷,单位:千克/公顷。

图3-2 农户2012-2013作物单产水平的分布

从图3-2中可以看出:(1)苔麸的种植最广,316户都在种植,种植小麦的有232户,鹰嘴豆的205户,草豌豆的208户;(2)各农户苔麸的单产水平有一半集中在 $500kg/hm^2$ 到 $1000kg/hm^2$ 之间,低于农业局提供的平均值,鹰嘴豆和草豌豆的单产也集中在 $500kg/hm^2$ 到 $1000kg/hm^2$ 之间,小麦的单产水平更分散;(3)各个农户间的各作物的单产水平差距很大,比如苔麸的单产从 $200kg/hm^2$ 到 $4000kg/hm^2$ 不等。所以苔麸单产的不稳定是因农户的差异而变化的,并不是系统性的不稳定。这也为我们从农户的角度找出影响苔麸单产水平的因素提供了可能。

2. 苔麸等主要作物单产的影响因素

(1)影响因素变量的说明

研究农户间作物单产的影响因素,并且只有一年的数据,所以影响因素不包括气候变化等宏观变量。在微观变量的选择中,有别于孟德锋(2011)[①]等的分析,这里包含了农户的其他工作机会的收入。将影响作物单产的因素分成五类(见表3−4):户主和家庭特征、作物生产投入、其他工作机会、地理位置特征和新技术的采用。户主特征包括户主的性别、年龄、受教育程度、是否是农业合作社会员和是否使用移动电话。家庭特征包括家庭劳动力数量、家庭成员数量、家庭的土地数量、家庭牛的数量。作物生产投入包括作物的种植面积、作物耕地次数、种子、复合肥(Dap)、尿素(Urea)、杀虫剂和除草剂的单位面积的使用量。对于鹰嘴豆和草豌豆,农户不使用复合肥、尿素和除草剂。最后是雇佣劳动的投入,用单位面积土地雇佣劳动的支出来表示。需要说明的是雇佣劳动分长期雇佣(比如一年)和短期的农忙时节(比如5天)雇佣,长期雇佣一般包括对雇主牛的照顾,所以雇佣劳动在作物上的投入需要调整。

其他工作收入包括农业打工收入和非农业收入,为了排除内生性问题,这里不包含农户自身土地上的农业收入。这些工作机会衡量了农户在增加农业投入或使用新技术来提高单产的机会成本。在当地农业打工非常普遍,地少的年轻人为地多的老年人或者做生意而不干农活的农户

---

① 孟德锋、张兵、刘文俊:《参与式灌溉管理对农业生产和收入的影响——基于淮河流域的实证研究》,《经济学(季刊)》2011年第10卷第3期。

打工。打工一般实行用某块地的收成进行分成支付的形式,也就是实物支付。这里在计算过程中,按照市价进行了换算。非农业收入包括在非农业部门为别人打工的收入和自己经营的收入。在当地也有一些非农业部门的工作机会,比如中埃农业技术示范中心提供了一些就业机会。在调研中当地农户经营的活动一般是赶马车或是卖酒。

　　地理位置特征包括与公路的距离、与柯贝勒办公室的距离和与最近市场的距离。在当地除了中国援建的中埃友谊路,除此之外都是泥路。农户去市场和去城市都要走中埃友谊路。柯贝勒办公室是柯贝勒信息中心,对农业进行技术培训的训练中心也一般在柯贝勒办公室附近。当地在每个小镇上每周都有固定集市,每到集市的时候农户都可以去购买需求品和卖出自己的产品。

　　最后是新技术的采用,这里只考虑了针对苔麸的条播技术。条播技术是在 2012 - 2013 年开始推广的,2012 - 2013 年已有农户采用条播技术。

　　(2)苔麸等主要作物单产影响因素的回归结果(见表 3 - 4)

表 3 - 4　苔麸等主要作物单产影响因素的回归分析

	苔麸	小麦	鹰嘴豆	草豌豆
户主和家庭特征:				
户主性别(1/0)	- 345. 62 * *	76. 05	219. 10	- 108. 84
户主年龄(year)	- 6. 16	1. 39	0. 33	- 0. 43
教育程度(year)	- 2. 13	3. 66	- 11. 58	10. 87
是否是农业合作社会员(1/0)	139. 23 *	56. 97	41. 56	- 34. 05
有无移动电话(1/0)	- 83. 87	- 15. 22	147. 41	98. 75
家庭劳动力数量	130. 00 * * *	45. 16	81. 22 *	- 32. 57
家庭成员数量	- 37. 41 * * *	- 55. 82 *	- 66. 68 * * *	- 6. 14
家庭的土地数量(km^2)	36. 18	13. 51	41. 84	- 5. 00
家庭牛的数量	3. 01	13. 85	2. 72	24. 22
作物生产投入:				

续表

	苔麸	小麦	鹰嘴豆	草豌豆
作物种植面积(km²)	−76.65	−356.02	−216.82	−465.79**
作物耕地次数	−38.74	−6.98	19.30	17.56
种子使用数量(kg/km²)	1.11	5.43***	2.49***	3.58***
复合肥施用量(kg/km²)	0.74	0.80	−	−
尿素施用量(kg/km²)	1.17	−0.78	−	−
杀虫剂用量(liter/km²)	93.98	90.58	8.79	9.38
除草剂施用量(liter/km²)	202.82***	−23.01	−	−
雇佣劳动支出(Birr/km²)	0.11*	−0.01	0.15	0.01
其他工作收入:				
农业打工收入(Birr/year)	−0.01	0.01	0.02	0.01
非农业收入(Birr/year)	−0.00	−0.01	0.01	−0.00
地理位置特征:				
与公路的距离(km)	17.92	19.16	110.84***	26.60
与村办公室的距离(km)	−20.36	23.64	−14.92	10.33
与最近市场的距离(km)	−14.59	−50.58*	−117.09***	−26.99
新技术的采用:				
条播技术采用(1/0)	119.07*	−	−	−
样本数量	316	232	205	208
调整的 R^2	0.2540	0.1966	0.2510	0.1480
F 统计量	5.6636***	3.4578***	4.5986***	2.8925***

注:***、**、*分别表示在1%、5%、10%水平下显著。

（3）苔麸等主要作物单产影响因素的回归结果分析

是否是农业合作社会员对苔麸单产影响显著,会员可以分享农业合作社的利润收入,而非会员在价格还不是很好的情况不得不把粮食卖给农业合作社而失去了因为价格升高带来的收益的增加。也就是说,会员完全享有因产量升高而带来的收益增加,非会员却不能。

埃塞俄比亚主要农作物的单产水平受到农业生产技术水平的制约,在生产的每个环节都依赖人力,所以在农忙时节劳动力会相对缺乏,劳动力富余的农户就有更高的农业产出。在苔麸单产的影响因素中,家庭劳动力数量、雇佣劳动的支出对苔麸单产的提高有显著的正向影响。

其他工作收入的两个变量:农业打工收入和非农收入的影响不显著,而且系数都非常小。说明劳动力从农业到其他工作的转移或者兼职对农业生产的影响非常小。劳动力在农忙时节相对缺乏,在农闲时候却大量闲置。如果能找到别的工作机会,农民对提高单产不会有太大兴趣,所以很多农民都在寻求自己农业生产之外的工作机会。这也解释了为什么女性户主比男性户主更在意提高苔麸的单产水平,以及家庭成员的数量对苔麸单产的提高有显著的负向影响。家庭成员数量多更容易做些自己的生意或者寻找别的工作机会。反过来,如果能提高农业生产的比较收益,农户对提高单产也就会有更大动力,所以这还是取决于农业生产技术水平。

种子和化肥的使用量对提高苔麸单产的影响不显著,化肥对提高小麦单产水平影响也不显著。良种和化肥的投入一般被看作提高生产率的重要手段,而非洲农户每公顷耕地化肥的使用量比其他发展中国家的1/5还要少(Morris et al. ;2007)[1]。Dercon and Hill (2009)[2]报告称埃塞俄比亚每公顷的化肥使用量在1997—1998年到2007—2008年没有增加。技术上分析表明化肥的使用收益是非常高的(Duo et al. 2008)[3]。在埃塞俄比亚有些技术推广人员也在抱怨农民不使用更多的化肥。在农民不使用更多化肥原因的研究中,研究者主要集中于两个方面,一是化肥价格高而农民缺乏贷款来源;二是农民并不能充分享有多使用化肥带来的收益。第一种原因在本书并不适用,农业合作社的会员可以赊购农业合作社的

---

① Morris M,Kelly V,Kopicki R,Byerlee,D. Fertilizer Use in African Agriculture. Lessons Learned and Good Practice Guidelines. World Bank,Washington DC,2007.

② Dercon S,Hill RV. Growth for agriculture in Ethiopia:Identifying key constraints. Paper Prepared as Part of a Study on Agriculture and Growth in Ethiopia,Department for International Development,London,2009.

③ Duo E,Kremer M,Robinson J. How high are rates of return to fertilizer Evidence from eld experiments in Kenya. Am. Econ. Rev. Papers Proc. ,2008,98(2):482-488.

农业投入品,待作物售出之后归还,相当于农民有了贷款来源。本书提供的解释属于第二种,不过不同于有些研究者提出的是土壤的品质(Marenya and Barrett,2009)①使农户不能完全享有多使用化肥带来的收益,本书认为是当地农业生产技术条件限制了多使用化肥带来的收益(Dadi et al.,2004)②,多使用化肥带来的收益也会因为劳动力的缺乏而难以获得。

除草剂的投入对苔麸单产有显著的正向影响,说明除草剂使用不足。Dadi et al.(2004)在对西绍阿和东绍阿地区26年农户技术采纳的跟踪研究中,也发现除草剂的使用量的增长速度慢于化肥使用量的增长速度。这是因为青草在埃塞俄比亚人的生活中也是不可或缺的一部分。一是养牛增加了对青草的需求。二是埃塞俄比亚人喜欢喝咖啡,镇上遍布有咖啡店,咖啡店里的地上都铺有青草。其实不仅咖啡店、小饭店甚至在农户家里面,在有节庆的时候都习惯铺上青草。青草在市场上每天都有交易。在9月,大麦收获的季节,农户收获大麦需要两步,第一步是把大麦的上半部分收割,用于脱粒,第二步是把大麦的下半部分和青草一起收割,然后喂牛。由于青草的独特作用,农户在除草剂的使用上,使得青草对苔麸产量的危害和青草对农户的收益持平,处于均衡点上。

条播技术的采用影响显著,据了解,在不使用条播技术的情况下,平均产量在1000kg/km²,而使用了条播技术,平均产量在2500kg/km²,产量提高了一倍多。牛的数量对苔麸单产影响不显著,虽然牛直接参与农业生产,不过牛也增加了对青草的需求。地理位置特征对苔麸单产的影响不显著,主要是因为苔麸主要用来食用,而且农民基本上共享了苔麸生产的技术。

从另外三种作物和苔麸的对比看,其他三种作物的种子投入量对单产影响显著。这显示在现有的生产技术水平下,其他三种作物的单产还

---

① Marenya P, Barrett C. State – conditional fertilizer yield response of Western Kenyan farmers. Am. J. Agric. Econ. ,2009,91(4):1124 – 1139.

② Dadi L, Burton M, Ozanne A. Duration analysis of technology adoption in Ethiopian agriculture. J. Agric. Econ. ,2004,55(3):613 – 631.

能增加,其他三种作物的收益也可能还有提升的空间。草豌豆单产与作物的种植面积负相关,说明不存在规模经济,在埃塞俄比亚的农业技术水平下,这也不难理解。和苔麸一样,家庭劳动力的数量对鹰嘴豆的单产水平有明显的正向作用,家庭成员数量对小麦和鹰嘴豆的单产有显著的负向作用。小麦和鹰嘴豆的单产与农户到市场和公路的距离显著相关,说明小麦和鹰嘴豆的生产更多的是为了供应市场。

从此部分的回归结果,可以得到如下结论:(1)苔麸作为埃塞俄比亚最重要的传统粮食作物,但受到农业生产技术条件的制约,劳动力是苔麸单产的最重要的制约因素。劳动力的多寡和雇佣劳动力支付的多少导致了农户间苔麸单产水平的差异;(2)因为农业生产技术条件的制约,农业的比较收益不高,农民在积极地寻找农业之外的工作机会;(3)在当地的农业生产技术水平下,苔麸的种子和化肥的投入量已足够,而其他作物种子的投入还可能有增加的空间,不过这也与苔麸的主导地位有关。

四、埃塞俄比亚农户农业技术采纳的影响因素分析

(一)条播技术采纳的影响因素分析

1. 条播技术推广的困难

条播技术的推广主要是为了提高苔麸的单产水平,从上一节的回归结果也可以看出,条播技术对于提高单产效果显著。农户是否采用新技术取决于新技术带来的收益和采用新技术机会成本的比较。农户采纳条播技术的机会成本主要包括播种各个阶段相较于撒播的机会成本,以及从农相较于经商的机会成本。

根据当地的农业技术生产水平,以下分析条播技术的采用所带来的成本增加。由撒播变成了条播,虽然只是播种技术的改变,不过也带来了耕地、施肥、收获、运输、脱粒和存储的一系列变化。首先是耕地,条播需要地的平整,而当地农户由于缺乏必要的工具无法改变,所以在条播的实

施中,农民只能在土地的两边打上木桩,拉绳成直线。然后是播种,由于没有合适的工具,当地农户使用矿泉水瓶,因为苔麸的颗粒很小,在矿泉水瓶的瓶盖上凿个洞,人工条播。这样条播的时间比原来撒播的时间多一倍多。日本在埃塞俄比亚援助的项目(JICA)提供了一种条播机械,不过由于播种期土质很硬,并不太适用,而且价格较高,很多农民负担不起。同样,施肥方式也要改变,耗时更多。随后,条播技术使得苔麸的产量大幅提高之后,会给后面的收割、运输、脱粒和储存带来沉重的负担。在当地农业生产技术水平条件下,收获、运输、脱粒都需要大量的人力,需要支付更多的人力费用,更多的产量也需要建造更多的存储设施。所以很多农民即使采用了条播技术,不过所使用的土地面积也非常有限,只是在自己很小一部分的土地上使用。并且在不再继续使用的农户的调研中,他们给出的不再继续使用条播技术的理由竟然是产量太高了! 也有的给出的理由是播种太麻烦或者需要更多的化肥等。

　　从上一节的分析知道,因为农业生产技术条件的制约,农业的比较收益不高,农民在积极地寻找农业之外的工作机会。条播技术的采用增加了作物的产量,同时增加了劳动力的需求,有时候也就难以兼顾一些市场上的机会。

　　在调研的 316 个农户中,2012 年之前已经有 4 户在使用条播技术。2012 年使用了条播技术的农户有 88 户(见表 3 - 5)。2013 年进行调研时,当地农户已经种下了苔麸,新增的使用条播的用户为 70 户。不过在2013 年,有 22 个以前的采用户放弃了条播技术的使用,在这 22 户中,有一户是因为 2013 年没有种植苔麸,我们认为剩余的 21 个农户没有采用条播技术,所以 2013 年新增用户数为 49 户。采用条播技术的共有 141户,样本采用率为 44.62%。

表3-5　条播技术的采用农户数(2012—2013)

时间	2012年之前	2012年	2013	总数	样本采用率
采用农户增加量	4	88	49	141	44.62%

总之,条播技术虽然能有效提高苔麸的单产水平,缓解当地农民的粮食安全问题,但是条播技术的普及和使用程度受到当地农业生产技术水平的制约,条播技术的顺利推广需要其与当地的农业生产技术水平相适应。为了准确地获得农户采纳条播技术的局限所在,以下对农户是否采纳条播技术进行回归分析。

2. 解释变量和描述性分析

农户是否采纳新技术取决于农户采纳新技术的收益和机会成本比较。而农户采纳新技术的机会成本和收益受到户主和家庭特征、农场特征和所处环境等一系列因素的影响。根据 Kabunga N. S. et al.[1] 的分类,本书把影响因素分为了四类:人力资本、资产和金融资本、社会资本和信息来源以及地理特征(见表3-6)。表3-6给出了影响因素变量的描述性分析。

人力资本变量方面。在调查中男性所占比例很高,这是因为在埃塞俄比亚男性在社会中占主导地位。采用条播技术的户主所受教育年限显著高于未采用者,采用新技术者的移动电话使用比例、家庭劳动力数量和出售的作物比例也显著高于未采用者。不过因为使用了条播技术会增加苔麸的产量,从而增加苔麸的出售量,产生内生性的问题,所以这里计算出售的作物比例没有把苔麸包括在内,只计算了其他作物的出售比例。出售作物的比例显示了农户种植作物的市场导向。

同样的,在资产和金融资本方面,变量雇佣劳动支出、化肥农药平均投入和农业收入也都把苔麸排除在外。不过由于很难把用在苔麸上的雇佣劳动支出和其他作物的支出分离,这里雇佣劳动支出只是计算了长期

---

[1] Kabunga NS,Dubois T,Qaim M. Heterogeneous information exposure and technology adoption: the case of tissue culture bananas in Kenya. Agricultural Economics,2012(43):473-485.

雇佣劳动的支出,去除了在收获季节的短期雇佣劳动支出。牛在当地农业生活中扮演着重要的角色,牛不仅直接参与农业生产活动(耕地和脱粒),而且牛肉是当地民众肉食的最主要来源,牛的价格不菲。不过牛的数量的多寡也代表了农户对畜牧业的重视程度。驴是当地农民主要的运输工具,收割后的粮食运输,农民去市场购买和卖出货物一般都要用驴子运输。采用新技术者的雇佣劳动支出,化肥农药平均投入和农业收入都显著高于非采用者。其他农场打工收入是指土地少的农户在土地相对多的农户的农场里打工的收入。农场外工作收入是指在政府单位或者一些企业里面提供的工作机会的收入。农场融资限制是问农户认为获得资金支持(贷款或者借钱)的难易程度,难易程度分为:非常难、难、一般、容易、非常容易,将其分别赋值为5、4、3、2、1。采用者和非采用者有几乎相同的融资限制,这也与当地农户获得融资渠道非常有限有关。

表3-6   所调查农户的描述性分析

	总样本(316)		未采用者(175)		采用者(141)	
	均值	标准差	均值	标准差	均值	标准差
人力资本:						
户主年龄(年)	39.53	9.12	40.04	9.25	38.89	8.92
男性户主所在比例(%)	96.51%	0.18	97.71%	0.15	95.04%	21.72
户主教育年限(年)	4.77	4.01	4.45**	3.87	5.17	4.14
农场经验(年)	19.08	9.73	19.89	9.39	18.08	10.05
移动电话所占比例(%)	73.10	0.44	65.71***	0.47	82.27	0.38
家庭最长教育年限(年)	8.21	3.59	8.12	3.41	8.31	3.79
家庭成员数量	6.96	2.98	7.31	3.19	6.52	2.62
家庭劳动力数量	2.90	1.38	2.80*	1.28	3.02	1.48
出售作物比例+(%)	0.25	0.22	0.22+	0.22	0.28	0.22
资产和金融资本:						
土地数量(ha.)	2.78	1.70	2.78	1.77	2.78	1.60

续表

	总样本(316)		未采用者(175)		采用者(141)	
	均值	标准差	均值	标准差	均值	标准差
牛的数量	6.13	3.98	6.43	4.34	5.76	3.46
驴的数量	1.40	1.09	1.38	1.09	1.41	1.09
雇佣劳动支出(birr)++	965.35	2170.60	737.43***	1973.27	1248.23	2362.61
化肥农药投入(birr)+	1017.79	938.46	818.77***	802.17	1264.79	1031.99
农场收入(birr)+	10469.61	8664.16	9061.21***	7492.88	12217.61	9645.63
他人农场打工收入(birr)	2642.41	5036.35	2686.86	4989.93	2587.23	5092.84
农场外工作收入(birr)	2200.09	9841.34	2321.2	9760.26	2049.79	9939.0
融资限制	2.80	0.87	2.80	0.86	2.80	0.89
社会资本和信息来源:						
信息限制	2.10	0.67	2.19**	0.72	2.0	0.58
受训次数	1.17	0.75	0.99***	0.66	1.40	0.80
合作社成员比列(%)	77.53	0.42	76.57	0.42	78.72	0.41
地理特征:						
与公路的距离(km)	3.44	2.22	3.20	2.08	3.73	2.34
与最近市场的距离(km)	5.83	3.06	5.40**	2.83	6.36	3.24
与村办公室的距离(km)	2.97	1.79	2.97	1.67	2.97	1.94

注:***、**、*表示未采用者和采用者的平均值相等分别在1%、5%、10%水平下显著。+
此项不包含苔麸在内,birr是当地货币;++雇佣劳动支出只包括长期的雇佣劳动支出。

社会资本和信息来源方面。信息限制是问农户获得可以信赖的农业创新信息的难易程度,难易程度分为:非常容易、容易、一般、难、非常难,分别赋值为1、2、3、4、5。受训次数是当地推广人员对农户进行条播技术的训练。农业合作社是当地农村由农民组织起来的合作组织。由于政府对化肥等投入品进行管制,农户个人无权购买,农户只能通过农业合作社购买。再者,由于农户普遍缺少运输工具和粮食储存设施,所以农户经常是把粮食卖给合作社。所以合作社在当地农业中起着重要的作用。农业合作社的会员和非会员的区别在于,会员有权进行农业投入品的赊购,并且会员可以分享农业合作社的利润。会员的比例一般比较高,在75%以上。

最后是地理位置特征,只与市场的距离两者之间有显著的差异。由于农户没有交通工具,去市场购买生活用品和卖出自己的农业产品大都需要步行(驴子用来托货物),所以以与市场的距离就显得非常重要。

3. 回归结果和分析

把农户是否使用了条播技术作为因变量 y(0 – 1 变量),利用标准的二元 logistic 回归模型,得到的回归结果见表 3 – 7。以下是回归结果的分析。

农业是当地的主要产业,农民的年龄和其农场经验有较强的共线性,所以在回归中只保留了户主农场经验变量。以下分类介绍变量的显著性。

人力资本变量的影响显著度分析。女性户主比男性户主更倾向于采用条播技术,这是因为在埃塞俄比亚农村,男性起着主导地位,对于女性户主来说,农业之外的工作机会更少,也会更在意单产水平。户主受教育程度和户主的农场经验对条播技术的采用没有显著影响。因为,户主的受教育程度高虽然能提高新技术的接受度,但同时受教育程度高也说明可以更容易从事非农产业,所以影响不显著;农场经验越多的农户在接收新技术方面一般会更慢,不过影响不显著。是否拥有移动电话对条播技术的采纳有显著的正向作用,拥有移动电话的农户在获得新技术信息方面具有优势,并在信息搜索方面更具有主动性。家庭人口数量对新技术的采纳有显著的负向作用,一般来说家庭人口多的农户也会有更多的劳动力,不过家庭人口多的农户农业之外的工作机会也多,在寻找其他工作和自己创业方面具有优势,在当地落后的农业技术水平限制下,农业的收益比较低,使得家庭的人口数量对农户采用新技术有负向作用。家庭劳动力数量对新技术的采用有显著的正向作用,劳动力是当地农业的稀缺资源,劳动力多的农户能更多地收获条播技术带来的收益。

表 3-7　农户采用条播技术的影响因素分析

因变量和样本量	$E(y/x)$,316		
变量	回归系数	Z 统计量	显著性水平
常数	-1.193	-0.943	0.3458
户主性别	-1.545**	-1.985	0.0471
户主受教育程度	0.012	0.312	0.7551
户主农场经验	-0.010	-0.531	0.5954
是否有移动电话	0.917***	2.582	0.0098
家庭人口数	-0.160**	-2.269	0.0232
家庭劳动力数量	0.331***	2.596	0.0094
作物市场卖出比例	0.055	0.080	0.9362
土地数量	-0.016	-0.144	0.8853
牛的数量	-0.117**	-2.050	0.0404
驴的数量	0.430**	2.495	0.0126
雇佣劳动支付	1.230E-04*	1.662	0.0965
化肥农药平均投入	5.520E-04***	3.227	0.0013
农场收入	1.510E-05	0.515	0.6062
其他农场打工收入	-6.580E-05**	-2.211	0.0271
农场外工作收入	4.210E-05	1.208	0.2269
融资限制	-0.041	-0.240	0.8099
信息限制	-0.289	-1.277	0.2017
受训次数	0.981***	4.112	0.0000
是否是合作社成员	0.403	1.153	0.2488
与公路的距离	0.187*	1.925	0.0542
与最近市场的距离	0.075	1.209	0.2268
与村中心的距离	-0.110	-0.982	0.3262
MR^2	0.221		
LR 统计量	95.896***		
Log likelihood	-169.254		

注:***、**、*分别表示回归系数在 1%、5%、10% 水平下显著异于零。

资产和金融资本变量的影响显著度分析。土地数量影响不显著,说明新技术的采用并不具有规模效应。牛的数量对采纳新技术具有负向作用,虽然牛直接参与农业生产,不过牛也是重要的农业资产,拥有牛的数量较多的农户,农户的重心会从种植业转到畜牧业,会减弱农户对于种植业新技术的重视程度。驴的数量对农户采纳新技术有显著的正向作用,这主要是因为驴是重要的作物运输工具,驴的数量多会对因为使用条播而导致的苔麸产量多所产生的负担有重要的缓解作用。雇佣劳动支付对农户采用新技术有显著的正向所用,也反映了采用条播技术所造成的对劳动力需求的增加。化肥农药平均投入量对条播技术的采用有显著的正向作用。化肥和农药的投入是提高作物单产的重要手段。单位土地的化肥和农药投入越多,越说明农户注重作物单产,所以越倾向于采用能显著提高作物单产的条播技术。其他农场打工收入对条播技术的采用有显著的负向作用,其他农场打工收入反映了采用新技术的机会成本,机会成本越高越会抑制新技术的使用。

社会资本和信息来源变量的影响显著度分析。融资和信息限制对农户采用新技术没有显著的影响。受训次数对农户采用新技术有非常显著的正向作用。对农民进行条播技术的培训是当地政府组织实施的,可信度大,并且能获得新技术的实践经验。是否是合作社成员对农户采用新技术没有显著的影响,每一个农户都有权利从农业合作社中获得帮助,不管其是不是会员。

在地理位置的变量中,只有与公路的距离具有显著的正向影响。在当地除了中埃友谊路之外,都是原始的土路。与公路的距离直接影响了农户出行的便利程度。另外两个变量与最近市场的距离和与村中心的距离影响不显著。

从以上分析可以看出,条播技术虽然能有效提高苔麸的单产水平,缓解当地农民的粮食安全问题,但由于缺乏劳力,增产的苔麸不一定都能被全部收获。而且由于缺乏良好的储藏设施,增产的收益并不能被农户全部享有。这双重因素导致农户收益有限。另一方面,当地农业生产技术是一个多环节密切相关的体系,改变其中一个环节,会带来其他环节的不适应。条播技术的采用给农户其他环节的生产增加了成本。所以,条播技术的有效推广,需要在农业生产各个环节上进行适应性调整。不过条播技术同时也增加了农民在农业生产各个环节采用新技术的需求,其实这也给中埃农业技术示范中心带来了机会。

(二)知识传播对农户条播技术采纳行为的影响

农户采纳新技术除了受到自身特征和所处的社会制度环境的影响之外,还会受到知识传播的影响。在调查中,还有些农户没有听说过条播或者对条播技术有不正确的认识。本节基于平均处理效应(average treatment effect,ATE)方法评估知识传播在农户采纳新技术中的作用,为今后的技术推广提供借鉴。首先给出平均处理效应(average treatment effect,ATE)方法的基本介绍。

1. 平均处理效应分析框架

ATE 方法是广泛使用的效果评估方法,其值测量总体中随机选择的个人被"处理"效果。此方法应用在农业技术采纳行为的研究中时,"处理"是表示信息在农户中的传播,比如说农户听说了这项新技术,而 ATE 测量的是农户都已经被"处理"后的平均效果,也就是说农户都已经知道了这项新技术后的技术采纳比例。所以 ATE 的测量值和实际的技术采纳比例会不同,其差距是因为不完全的信息传播造成的,其也代表了未来新技术被采纳的潜力。所以 ATE 测量值也可以说是潜在的技术采纳比例。

ATE 值给出了当所有农户被"处理"后的总体平均技术采纳效果。"处理"是指信息在农户中的传播。根据信息在农户中传播程度的不同,又可以进行简单的分类。Kabunga N. S. et al. (2012)扩展了 Diagne and Demont(2007)的分析,把"处理"分成了两类,第一类是农户是否听说了该项新技术(awareness exposure),第二类是农户是否正确认识了该项新技术的重要特性(knowledge exposure)。埃塞俄比亚有自己的农业技术传播体系,在农户所在的基层单位都配有专门的技术推广人员,所以对于我们要考虑的条播技术,农民基本上都听说过了。所以本书主要考虑第二种分类方法,被"处理"是指农户是否正确认识了条播技术的特性。利用"农户是否正确认识了条播技术的重要特性"把农户分成两个子群体,一个子群体是农户正确认识了条播技术的重要特性,具有了条播技术特性的知识;另一个子群体是农户还没有正确认识条播技术的重要特性,还没有具有条播技术特性的知识。ATE 值测量了当所有农户都正确认识了条播技术的重要特性时的农户采纳比例。

　　ATE 方法的重要概念是潜在效果。令 y_1 代表一个农户被"处理"后潜在的采纳行为,y_0 代表一个农户未被"处理"时潜在的采纳行为。y_1、y_0 可以是 0—1 变量,也可以是使用新技术的土地面积等的变量,本书使用的是 0—1 变量。两个潜在变量的差 $y_{i1} - y_{i0}$ 表示农户 i 被"处理"的效应。所有农户被"处理"效应的期望值 $E(y_1 - y_0)$ 就是 ATE 值。不过对于一个农户 i 来说,他只能处于一种状态,正确认识还是没有正确认识条播技术的重要特性,我们不能同时观察到 y_{i1} 和 y_{i0}。进一步令 ω(0—1 变量)为农户的状态变量,$\omega = 1$ 表示农户正确认识了条播技术的重要特性,$\omega = 0$ 表示农户还没有正确认识条播技术的重要特性。在正确认识了条播技术重要特性的这类农户里面,同样可以算出平均处理效应 $E(y_1 - y_0/\omega = 1)$,记为 ATE_1,同样有 $\text{ATE}_0 = E(y_1 - y_0/\omega = 0)$。因为 $E(y_1 - y_0) = P(\omega = 1)E(y_1 - y_0/\omega = 1) + P(\omega = 0)E(y_1 - y_0/\omega = 0)$,不难得出 $\text{ATE} = P(\omega = 1)\text{ATE}_1 + P(\omega = 0)\text{ATE}_0$。

　　令 y(0—1 变量)代表可观察到的农户采纳行为,y 与 y_1、y_0 和 ω 的关系如下:

$$y = y_1\omega + y_0(1 - \omega) = \begin{cases} y_0, \omega = 0, \\ y_1, \omega = 1. \end{cases}$$

　　潜在的技术采纳比例与实际观察到的技术采纳比例的差,也叫作总体采纳差距(population adopt gap,),记做 PAG,$\text{PAG} = E(y) - E(y_1)$。PAG 为负值,表示因为新技术特性未被全部农户正确认识而引起的技术采纳剩余的潜力。等所有农户都正确认识了新技术的特性之后,

PAG = 0。

ATE 的估计分为两步,第一步是对农户的状态 ω 进行回归分析 $P(\omega = 1/z) = p(z)$,此概率值也被称为倾向得分(propensity score),估计利用标准的二元回归模型即可。第二步分别在两个子群体内进行二元回归,$E(y_1) = E(y/x, \omega = 1) = f(x, \alpha)$,$E(y_0) = E(y/x, \omega = 0) = g(x, \beta)$。利用此回归得到的参数值 $\overline{\alpha}$、$\overline{\beta}$,分别应用到总体和两个子群体,可以得到采纳率的预测值 $E(y_1)$、$E(y_1/\omega = 1)$、$E(y_1/\omega = 0)$,平均处理效应 ATE、ATE_1、ATE_0 的估计值。

$$\overline{E(y_1)} = \frac{1}{N} f(x, \overline{\alpha}), \overline{ATE} = \frac{1}{N} \sum [f(x, \overline{\alpha}) - g(x, \overline{\beta})]; \qquad (1)$$

$$\overline{E(y_1/\omega = 1)} = \frac{1}{N_e} \sum \omega f(x, \overline{\alpha}), \overline{ATE_1} = \frac{1}{N_e} \sum \omega [f(x, \overline{\alpha}) - g(x, \overline{\beta})]; \quad (2)$$

$$\overline{E(y_1/\omega = 0)} = \frac{1}{N - N_e} (1 - \omega) f(x, \overline{\alpha}),$$

$$\overline{ATE_0} = \frac{1}{N - N_e} \sum (1 - \omega) [f(x, \overline{\alpha}) - g(x, \overline{\beta})]。 \qquad (3)$$

其中 N 是总样本量,Ne 表示掌握了条播知识的农户子群体的样本数,公式可参见 Kabunga N. S. et al. (2012)和 Diagne and Demont (2007)。

2. 农户对条播技术重要特性的认知

为了确认被调查农户是否正确认识了条播技术的重要特性,也既被"处理"$\omega = 1$,对已经听说过条播技术的农户进行进一步的调查。调查主要是考察农户对条播技术重要特性的认知。这些特性包括条播技术是否能增加产量,条播是否易于收割,条播是否易于灌溉,条播是否能更有效施肥,条播是否能节省种子等(见表3-8)。

从表3-8可以看出,在每一项条播技术的特性上,采用者认知的比例都要高于未采用者,说明对条播技术重要特性的正确认知是采用条播技术的重要条件。不过条播技术能增加产量,条播技术能节省种子这两项特性普遍得到了农户的认可。在条播是否易于灌溉的认知上,采用者和未采用者的比例没有显著差异,这与当地农业几乎都是靠天吃饭有关系,灌溉设施缺乏有关。在条播是否易于收割,是否能更有效施肥的认知上,两者有显著的差异。所以条播技术的不断推广也需要不断增加对条播这两条特性正确的教育和引导。

表3-8　调查农户对条播技术重要特性的认知

特性	农户类别	农户的认知(%)	
		是	否
条播是否能增加产量	采用者	99.29	0.71
	未采用者	98.29	1.71
条播是否易于收割	采用者	70.21**	29.79
	未采用者	57.14	42.86
条播是否易于灌溉	采用者	70.92	29.08
	未采用者	67.43	32.57
条播是否能更有效施肥	采用者	81.56***	18.44
	未采用者	68.00	32.00
条播是否能节省种子	采用者	97.16	2.84
	未采用者	92.57	7.43

注:***、**表示未采用者和采用者的平均值相等分别在1%、5%水平下显著。

3. 回归分析

正如第二部分的解释,回归分为两步。第一步是利用标准的二元回归模型对农户的状态 ω 进行回归分析 $P(\omega = 1/z) = p(z)$。第二步是在控制了状态变量之后的回归,既在 $\omega = 1$ 的农户中进行回归,$E(y_1) = E(y/x, \omega = 1) = f(x, \alpha)$;在 $\omega = 0$ 的农户中回归,$E(y_0) = E(y/x, \omega = 0) = g(x, \beta)$。协变量 z, x 可以有共同的变量,但并不要求完全相同。不过协变量 z, x 要满足 ATE 方法所要求的条件独立(conditional independent,CI)假设,条件独立假设要求协变量 z, x 关于状态变量 ω 是外生的,既当状态变量从 $\omega = 0$ 变成 $\omega = 1$ 时,协变量 z, x 保持不变(Heckman and Vytlacil,2005)。在表 2 中选择的变量大都满足此条件,像户主和家庭的特征变量、家庭资本变量、地理特征变量等。有可能产生内生性的变量如卖到市场上的谷物比例、雇佣劳动收入、化肥农药平均投入等的投入变量也进行了特别处理,这些变量不包括苔藓在内。不过农业收入、他人农场打工收入和农场外工作收入可能会引起内生性问题,在回归中我们把他变成是否有第二职业的二元变量来处理。融资和信息限制满足外生性条件,受训次数也是。因为在农户掌握了条播技术后,就会不再需要培训,受训次数在农户掌握了条播技术之后就不再变化。

第一步回归是利用标准的二元回归模型对农户的状态 ω(0—1 变量)进行回归分析 $P(\omega = 1/z) = p(z)$,其回归结果见表 3-9 最后一列。

第二步回归是在控制了状态变量之后的回归,既在 $\omega = 1$ 的农户中进行回归,$E(y_1) = E(y/x, \omega = 1) = f(x, \alpha)$,即对已经掌握了条播技术特性的农户进行技术采纳的影响因素分析;在 $\omega = 0$ 的农户中进行回归,$E(y_0) = E(y/x, \omega = 0) = g(x, \beta)$。我们也对全体样本进行了标准的二元 logistic 回归,回归用了相同的协变量(见表 3-9)。

表 3*-9 基于标准二元回归的和 ATE 方法的
农户采纳条播技术的影响因素分析

因变量和样本量	$E(y/x)$,316	$E(y/x, \omega = 1)$,155	$E(y/x, \omega = 0)$,161	$P(\omega = 1/z) = p(z)$
变量	回归系数	回归系数	回归系数	0.243
常数	-1.334	-2.027	-0.092	-0.046
户主性别	-1.578**	-1.896	-1.739	-0.006
户主受教育程度	0.010	-0.055	0.069	-0.036**
户主农场经验	-0.006	0.007	-0.010	0.047
是否有移动电话	0.856**	-0.208	0.595	0.365
家庭人口数	-0.157**	0.789*	-0.183*	-0.111
家庭劳动力数量	0.318***	0.309	0.416**	-0.973
作物市场卖出比例	0.157	1.366	-0.677	0.218**
土地数量	0.073	0.002	0.054	0.057
牛的数量	-0.120**	-0.055	-0.227**	-0.267*

因变量和样本量	$E(y/x)$,316	$E(y/x,\omega=1)$,155	$E(y/x,\omega=0)$,161	$P(\omega=1/z)=p(z)$
驴的数量	0.354 * *	0.244	0.697 * * *	-1.810E-04 * *
雇佣劳动支付	9.190E-05	3.350E-06	1.760E-04 *	4.300E-04 * * *
化肥农药平均投入	5.690E-04 * * *	6.350E-04 * * *	3.470E-04	0.221
是否有第二工作	0.119	0.270	-0.278	-0.363 * *
融资限制	-0.025	-0.026	0.173	0.110
信息限制	-0.255	0.278	-0.928 * *	0.402 * *
受训次数	0.888 * * *	0.724 * *	1.099 * *	0.079
是否是合作社成员	0.356	0.541	0.035	-0.017
与村中心的距离	-0.082	-0.167	-0.017	-0.025
与最近市场的距离	0.080	0.185 * *	-0.015	0.020
与公路的距离	0.158 *	0.121	0.226	0.243
伪 R^2	0.206	0.256	0.250	0.104
LR 统计量	89.625 * * *	54.900 * * *	52.892 * * *	45.690 * * *
Log likelihood	-172.390	-79.726	-79.338	-196.132

注: * * * 、 * * 、 * 分别表示在1%、5%、10%水平下显著。

4. 条播技术潜在采纳比例和平均处理效应

有了上一节的回归结果,根据3.4.2.1部分给出的公式(1)(2)(3),可以计算出条播技术潜在采纳比例和平均处理效应,见表3-10。这里也给出了标准的二元回归得出的采纳率以及样本采纳率。

表3-10　ATE 估计的条播技术采纳率

	样本	标准的二元回归	ATE 二元回归
总体采用率 $E(y)$	0.446(0.391,0.501)	0.446(0.418,0.501)	0.443(0.395,0.490)
具备条播知识的农户的采用率 $E(y/w=1)$	0.529(0.450,0.608)	0.468(0.428,0.509)	0.527(0.466,0.588)
未具备条播知识的农户的采用率 $E(y/w=0)$	0.366(0.291,0.441)	0.425(0.393,0.456)	0.362(0.306,0.418)
总体预测采用率 $E(y_1)$			0.514(0.455,0.572)

续表

	样本	标准的二元回归	ATE 二元回归
具备条播知识的农户的预测采用率 $E(y_1/w=1)$			0.527(0.456,0.598)
未具备条播知识的农户的预测采用率 $E(y_1/w=0)$			0.501(0.436,0.566)
总体采纳差距 $E(y)-E(y_1)$,PAG			−0.071***
条播知识的平均处理效应 $E(y_1-y_0)$,ATE			0.144(0.108,0.180)
具备条播知识的农户的平均处理效应,ATE_1			0.150(0.112,0.187)
未具备条播知识的农户的平均处理效应,ATE_0			0.139(0.100,0.178)

注:***表示在1%的水平下异于零,括号内是各估计值90%置信区间、置信区间的估计根据样本距的方法,其他方法可参看(wooldridge,2002)。

在对可观察到的采纳率 y 的均值的估计上,两种回归方法给出了相似的结果。不过在两个子群的值的估计上,ATE 方法给出了更符合实际的结果。标准的二元回归给出的结果虽然也在置信区间之内,不过却出现了明显的偏差。因为标准的二元回归没有考虑信息传播的作用,并不能给出总体采纳的一致估计。

在 ATE 通过信息传播增加技术采用率的预测中,在具备了条播知识的农户中预测采用率(0.527)和样本的采用率(0.529)相当,不过在还未具备条播知识的农户中,样本的采纳率为 0.366,而通过让农户掌握条播技术的知识可以把技术采纳率提高到 0.501,使得总体采纳差距为0.071。总体采纳差距显著不为零,条播技术的采纳还有明显的潜力。条播技术的采用还需要技术推广者不断增加新技术普及的范围或者增加对农户的培训。未具备条播知识的农户的预测采用率为 0.501,低于具备条播知识的农户的预测采用率 0.527,这是因为首先具备了条播知识的农户,信息搜索的需求更大,掌握新技术的能力更强。两者的预测采纳率基本上对称分布在总体预测采纳率 0.514 的两侧,这与我们选择的样本的比率相当有关。

同时我们也可以看到条播知识的平均处理效应 ATE 值为 0.144,在具备了条播知识的农户的平均处理效应为 0.150,未具备了条播知识的农户的平均处理效应为 0.139。说明在埃塞俄比亚奥罗莫州津奇地区知识的传播能提高农民条播技术采纳率 14.4 个百分点。对条播技术还没有正确认识的农户,对条播技术的采纳还有一定的潜力。不管是对掌握了条播知识的农户还是对未掌握条播知识的农户,家庭劳动力数量对条播技术的采用都有显著的正向作用。不过家庭人口数和与市场的距离只对掌握了条播知识的农户有显著的促进作用,所以条播技术推广的潜力可能主要存在于家庭人口数较多的农户或者离市场较近的农户。从回归结果看,进一步推广的方法最有效的或许是增加培训的次数。

五、农业技术示范中心的功能定位及其可持续发展的建议

中非农业技术示范中心是新时期中非农业合作的重要载体,承担着农业技术示范、技术传递、互利共赢、人文交流等诸多功能。从 2006 年开始,中国已经在非洲国家援建了 22 座农业技术示范中心,示范中心建成后要移交给受援国政府,然后进入运营期。运营期分为两个阶段,第一个阶段是 3 年的技术合作期,期间的建设和运营费用由中国政府无偿援助;第二个阶段是自主运营合作期,期间中国政府不再提供援助资金,农业技术示范中心自主经营,自负盈亏。随着 2015 年第一批建设的 14 座农业技术示范中心陆续进入自主运营合作期,其可持续发展的能力和状况堪

忧。为了避免示范中心重蹈以前很多中国农业援建项目"移交即荒废"的覆辙,针对其可持续发展的问题,研究者也提出了很多思路和建议,如徐继峰(2011)①等提出要将农业技术示范中心的公益性功能和产业化发展结合起来,互为补充;周泉发(2011)②等提出把工作重点放在改善非洲小农生产和生活上来谋求农业中心的可持续发展。不过这些建议都没有立足于农业技术示范中心的功能定位上来分析,只有准确把握农业技术示范中心的功能定位,才能做到有的放矢,实现发展的可持续。

(一)农业技术示范中心的发展情况

在 2006 年第三届中非合作论坛上,中国政府宣布在非洲援建 10 个农业技术示范中心,在实施过程中增加到 14 座。2009 年,在第四届中非合作论坛上,中国政府宣布将农业技术示范中心增加到 20 座。2012 年中国政府又宣布可以适当增加援非农业技术示范中心。表 3 - 11 给出了首批 14 座农业技术示范中心的实施状况,表 3 - 12 给出了第二批农业技术示范中心援建的最新进展。

作为中非农业合作的新形式,农业技术示范中心的运作分为立项、建设、技术合作和商业运营等几个阶段。首先是由商务部和农业部专家对拟援建的国家进行考察和立项,拟定援建的示范中心的农业技术重点领域,按照"有意愿、有实力、有能力"的原则对相关项目实施单位进行资格选择,确定项目实施单位。然后由国家出资 4000 万元用于项目的建设和运行,项目建成移交给受援国,不过有 3 年的技术合作期。在技术合作期内,示范中心的运营费用由国家承担,技术合作期之后进入商业运营的阶段,需要技术合作的中非双方共同维持示范中心的运营。在此过程中,根据需要中方企业会逐渐将示范中心全部移交给受援国。

---

① 徐继峰、秦路:《中国援助非洲农业技术示范中心可持续发展建议》,载《世界农业》2011 年第 12 期。

② 周泉发、刘国道:《非洲小农经济状况与我国援非农业技术示范中心对策》,载《热带农业科学》2011 年第 11 期。

表 3 - 11   第一批援非农业技术示范中心实施状况

国家	援建单位	项目实施最新进度	农业技术重点领域
贝宁	中国农业发展集团	2011 年 2 月开始技术合作，已进入自主经营合作阶段	玉米、蔬菜种植、蛋鸡养殖
喀麦隆	陕西农垦集团有限责任公司	2010 年 4 月技术合作	水稻、玉米、蔬菜、木薯等农业种植；繁育制种；鸵鸟养殖
刚果(布)	中国热带农业科学院	2012 年 1 月开始技术合作	蔬菜、木薯、玉米的试验种植和肉鸡、蛋鸡试验养殖
埃塞俄比亚	广西八桂农业科技公司	2012 年 6 月移交，2015 年 11 月进入自主经营合作阶段	蔬菜、玉米的实验种植
利比里亚	袁隆平农业高科技股份公司	2011 年 1 月开始技术合作	水稻、蔬菜、玉米试验示范；筛选优良猪；培训
莫桑比克	湖北省农垦事业管理局	2011 年 7 月移交，2015 年 5 月进入自主运营期	粮食、蔬菜、试验示范
卢旺达	福建农林大学	2012 年 4 月进入技术合作期	水稻、蚕桑、菌草种植和技术推广
南非	中国农业发展集团	2011 年 1 月竣工验收，技术培训方案通过商务部批准	推广淡水养殖技术；培育适合南非当地的淡水养殖品种
苏丹	山东对外经济技术合作集团和山东农科院	2011 年 6 月移交，随后开始技术合作	小麦、玉米、棉花、花生和蔬菜品种试验，小麦、玉米、棉花栽培技术研究
坦桑尼亚	重庆中坦农业发展有限公司	2011 年 4 月移交，2012 年 3 月开始技术合作	水稻、玉米、蔬菜、香蕉组培和蛋鸡养殖
多哥	江西华昌基建工程有限公司	2011 年 4 月技术合作	对砂性土壤进行改良，水稻试验种植
乌干达	四川华侨凤凰集团	2010 年 12 月开始技术合作	饲料试加工，当地罗非鱼亲鱼采集和驯化培育，中国草、鲢、鳙鱼实验

国家	援建单位	项目实施最新进度	农业技术重点领域
赞比亚	吉林农业大学	2012 年 3 月开始技术合作期	玉米、大豆试验种植
津巴布韦	中机美诺科技股份有限公司	2011 年 10 月竣工验收	玉米、大豆、马铃薯试验示范

数据来源:根据周海川①(2012)、李小云(2010)以及商务部网站新闻资料整理。

由表 3 - 11 可以看出,首批援建的农业技术示范中心大都已进入了技术合作期,援建单位主体形式多样,有国有企业和民营企业、科研院校、农垦集团,还有企业与科研院所的联合等。在技术援助形式上,示范中心主要是建设基础设施、试验田或者养殖基地,以及提供技术服务等形式。

不同国家的示范中心仍然考虑了不同国家的农业发展特点,在中心建设上各有侧重,如在乌干达、南非的中心以水产养殖为主,利比里亚、喀麦隆、卢旺达、坦桑尼亚等国的中心以水稻示范为主,苏丹以玉米和小麦为主,埃塞俄比亚和贝宁以蔬菜为主,刚果(布)以木薯、蔬菜为主。

根据"边建设,边开发"的原则,多数农业技术示范中心除了为自身的发展购置了需要的生产、加工、科研、生活设备外,还都进行了种植业或者养殖业的试验、示范,并举行了不同批次的培训。由于各个示范中心的发展思路和对示范中心的定位不同,各个示范中心也就表现出了不同的发展方式。有些科研院所把农业技术的实验和示范作为工作重点,这样虽然体现了示范中心提供技术服务的公益性功能,不过在非洲的背景下,由于大多数农民不具备支付服务费用的能力,一旦过了 3 年的技术合作期,这些示范中心的运营就会面临很大的困境,即使在技术合作期,也会面临资金日益短缺的处境。有些示范中心把企业化经营作为工作重点,利用非洲国家的土地资源实现企业的发展壮大,这样会导致受援国的反感,企业面临的市场竞争环境不好。所以援建企业需要正确把握示范中

① 周海川:《援非农业技术示范中心可持续发展面临的问题与对策》,载《中国软科学》2012 年第 9 期。

心的功能定位,抓住关键的技术合作期,在受援国既要建立良好的口碑,为当地的农业技术的提高提供服务,也要为自身的可持续发展打好基础。比如有些援建单位由于在受援国历史较长,对示范中心的功能定位把握准确,在农业技术的试验示范和技术培训的基础上,已经开始了商业化运营,并且为国内企业"走出去"提供平台的作用正在逐步发挥。比如湖北省农垦事业管理局援建的莫桑比克农业技术示范中心带动该省农业企业赴莫桑比克进行农业投资,已在莫桑比克设立了3家农业投资企业。

表3-12给出了中国援非农业技术示范中心的最新进展。为落实新八项举措,中国与安哥拉、中非和厄立特里亚已经签署了相关文件,援建刚果(金)、马拉维和毛里塔尼亚的示范中心已经开工。援建单位与原来比有所变化,更加注重援建单位在非洲的基础。刚果(金)和马拉维的示范中心都由已经有发展基础的中方企业承建。比如中兴能源有限公司在2007年就已经开始与刚果(金)开展农业开发合作。

中非农业技术示范中心对促进中非农业合作有显著的作用并将会处于越来越重要的地位,示范中心的数量会不断增加,也有可能在同一个国家建立多个示范中心。不过由于示范中心是新形式,示范中心的功能定位和如何实现可持续发展问题尚无定论,很多示范中心发展遇到的问题主要来自于不准确的定位。因此,本节下一部分对示范中心的功能定位进行探讨,然后结合本章对埃塞俄比亚农业的认识,就如何实现农业技术示范中心的可持续发展提出自己的建议。

表3-12　新一批援非农业技术示范中心的进展状况

国家	援建单位	项目实施最新进度	农业技术重点领域
安哥拉		2012年10月签订议定书+	
中非	中国山西国际公司	2012年2月签署合作议定书,2012年12月开工	
刚果(金)	中兴能源刚果(金)子公司	2012年9月开工,2014年9月移交	蓄水灌溉系统,水稻、蔬菜和旱作物种植示范

续表

国家	援建单位	项目实施最新进度	农业技术重点领域
厄立特里亚		2012 年 5 月签署《援厄农业技术示范中心项目考察换文》	
马拉维	中非棉业马拉维公司	2012 年 7 月开工	棉业合作入手,建设旱田、水田、技术等示范区
毛里塔尼亚	黑龙江省牡丹江市燕林庄园科技有限公司	2012 年 11 月开工,2015 年 12 月就技术合作进行了换文确认	建设技术示范的各种配套设施
赤道几内亚	江西赣粮实业有限公司		
马里	江苏紫荆花纺织科技股份有限公司	2012 年 7 月开工	粮食作物、畜种的试验研究
科特迪瓦		2012 年已完成可行性研究报告	

数据来源:商务部网站新闻资料整理。+议定书全称为《中华人民共和国政府和安哥拉共和国政府关于中国援助安哥拉农业技术示范中心合作议定书》。

(二)农业技术示范中心的功能定位

借鉴之前对非洲农业技术援助失败的经验,中国从 2006 年开始在非洲国家援建的农业技术示范中心采取了中国农业企业和科研院所承包运营的形式。农业技术推广由企业来经营也是国内出现的新趋势。到 2015 年年底,中国已经在非洲建立了 22 座农业技术示范中心。农业技术示范中心作为中国对非农业技术援助的新形式,其从成立之初就受到政府、业内和相关学者的广泛关注。农业技术示范中心是否能摆脱以往技术援助成效不佳的问题,是否能走出可持续发展的道路等问题已被广为讨论,不过仍处于探索阶段。不少援建的农业技术示范中心的定位、管理模式和作用机制尚不明确。

农业技术示范中心的定位具有多功能性。除了拥有传统技术援助项目的技术推广任务外,新形式的农业技术援助模式定位还有丰富的内容。中国援建的农业技术示范中心的定位,就被商务部和农业部确定为"促进受援方粮食增产,改进农业技术,提升粮食安全水平;搭建企业在非洲发展的平台,推动农业'走出去'"。总体而言,农业技术示范中心的功能主要有以下几个方面:一是农业技术示范和技术培训,主要是通过提供基础设施建设、建设养殖基地或者建设试验田,以及提供培训服务等方式向非洲国家提供实用农业技术;二是农业技术试验,虽然非洲土地肥沃,不过非洲的气候和土壤条件和中国差别很大,中国的农作物在非洲种植需要做很多实验,对一个国家农业资源的了解和熟悉并不是一朝一夕就能完成的,需要常年的积累;三是搭建企业在非洲发展的平台,推动农业企业"走出去",一方面是协助企业对非洲国家进行考察,与非洲国家的政府建立良好的关系,另一方面是示范中心的农业技术实验可以减少农业企业在非洲投资的探索时间,从而缩短其在非洲国家投资的盈利时间;四是保证自身的可持续发展,农业技术示范中心提供的技术试验和示范都是公益性的,其产品具有公共物品的性质,需要政府的财政支持,不过为了摆脱非洲国家的援助依赖,中国对示范中心的支持只有 3 年时间,从运营开始 3 年之后,只能靠自身的盈利求生存,如何能实现可持续发展是示范中心面临的严重挑战。

　　农业技术示范中心几方面的功能定位是相互依赖、互为补充的统一整体。其中农业技术示范和技术培训功能是基础,是示范中心存在的政治基础,在取得当地政府支持和人民拥护方面发挥着重要的作用,示范中心在此方面大都进行了大量的工作,为示范中心和中国赢得了当地政府和人民的好评。农业技术实验是前提,是进行农业技术示范、农业技术培训和推动中国农业企业"走出去"的前提,由于中国与非洲国家农业条件的差异性,中国农业技术在非洲国家的适用性需要进行农业技术实验,这为中国的农业企业"走出去"进行了前期的农业技术储备。带动中国企业"走出去"是推动力,非洲的农业资源丰富,如果没有中国农业企业的广泛加入,非洲农业资源的开发难以形成规模效应,示范中心的农业技术储备也缺少了实现其商业价值的途径。最后,可持续发展是保障,前三个功能的发挥需要示范中心的长久运营,中国对非洲国家的农业技术传递和中国农业企业"走出去"都会是一个长期的过程,没有了示范中心的可持续运营,中国对非洲国家的农业技术传递和中国农业企业"走出去"的效果都会大打折扣。另一方面如果没有了前三个方面功能的发挥,示范中心的可持续发展也就成了无源之水、无本之木,正是前三个功能的发挥,示范中心商业化发展的空间才会越来越大。

有些援建单位以前两个功能为中心,而忽视了自身的可持续发展问题,难免会出现以往中国援建移交后项目荒废的局面。有些援建单位,尤其是国内的农业企业,从一开始就以自身的盈利性为目的,而忽视了农业技术试验示范的功能,这就会使示范中心失去了存在的政治基础,失去了可持续发展的基础,发展空间越来越小,也导致运营3年后,受援国就接受中国的移交,不再寻求技术合作。所以农业技术示范中心几方面的定位相互依赖、互为补充,援建单位一定要利用好前3年的合作期,利用国家提供的支持资金,在为当地农业进行技术试验示范和提供技术服务的过程中,争取当地政府的支持,并通过为企业提供技术服务,争取与国内企业合作进行技术试验和合作开发,扩大资金来源,拓展发展空间,实现自身可持续的发展。

(三)农业技术示范中心可持续发展的建议

1. 农业技术示范中心可持续发展的建议

(1)协调推进示范中心各功能的实现

农业技术示范中心的各功能密切联系,相互依赖。其中,农业技术试验示范和培训功能是基础,示范中心关系中非国家友好合作的大局,非洲国家对示范中心给予较高期望,一定要承担好农业技术示范和农业技术人员培训的任务。引进企业是推动力,仅依靠示范中心开发非洲国家的农业资源远远不够,必须通过为企业提供技术服务并与企业合作开发,从而拓展发展空间。可持续发展是保障,没有示范中心的可持续发展,以上的功能都不能顺利实现。

示范中心的技术合作期只有3年,为了在这3年里实现多种功能,需要对示范中心的发展进行严密规划。建议第一年熟悉当地的气候和土壤,一方面因为农业生产周期长,影响因素多,有很强的可塑性,另一方面,农业生产环境又很苛刻,"春挣一日,夏挣一时",对当地气候土壤的熟悉需要一年的时间,种植的规模不宜太大。第二年开始探索商业化经营,一是对当地有市场的农作物和蔬菜的种植规模可以适当扩大,在第一年的基础上可以测算种植的预期收益;二是开始与国内的企业接触,为企业提供考察机会和农业技术信息,开始与有意向的农业企业合作,刚开始与企业合作可以先在示范中心内部合作开发,成熟之后国内农业企业可以承包更大面积的土地进行投资。第三年需要长远打算,扩大规模,逐渐形成示范中心的运营模式,充分利用示范中心的土地,示范田、试验田和商业化田各占一定比例,在保障自身可持续发展的基础上,充分协调以实现自身的多功能目的。

(2)积极开拓资金来源

农业技术示范中心要实现以上多功能,需要资金。在示范中心的起步阶段,获得大额的银行贷款很困难,因此只能依靠国家的援助资金。但用这些资金实现以上多种功能,显然不够,更何况划拨资金是按需拨付,审批也严格。因此,示范中心还需要自己想办法筹集资金。可能的资金来源主要有:一是国家援助的运营资金,每个月固定额度;二是示范中心的项目申报;三是自营收入,主要是通过农产品销售积累资金,在为当地农户提供技术服务中也有些收入;四是在技术培训方面可以争取与国际组织比如FAO等的合作,由中方出人授课,国际组织出钱;五是在农业技术试验(包括种植业、养殖业和水产业等)方面,可以争取企业和科研机构资金,为对方提供试验场所和试验数据;六是引入企业合作开发示范中心的土地,包括土地平整、使用机械、技术的试验;七是对中国或者国际上到受援国考察的人员提供食宿,适当收取费用。

在示范中心最初的发展时期,资金短缺,对示范中心内的土地等资源的开发进程要适度,可以采取分批开发的方式,从运营费用、自营收入和项目申报中积累资金。由企业为主体来承担农业技术示范和推动等具有公共品性质的任务,在中国企业可以通过技术服务或者出售其衍生产品来获得收入,不过在非洲大多数农民不具备支付服务费用的能力,非洲农民在购买能力上严重不足,所以示范中心一定要做好规划,积极开拓资金来源。

(3)改进管理体制,调动中方人员的积极性

虽然由农业企业和科研院所等机构为主体运营农业技术示范中心,借助了企业化的模式,不过农业技术示范中心的实际运营受到诸多方面的限制,市场化水平严重不足,所以也出现了示范中心的中方人员"干与不干一个样",中方人员积极性很低的现象。管理体制上的问题主要有两方面。

一是中方人员是否有创收收入的分享权。在现有的管理体制下,援建企业的国内母公司管理着国家的援助资金,这些资金用于援建企业中方人员的工资和日常的运营需要。在这种情况下,国内母公司一般要求示范中心的创收收入需要由国内母公司统一管理,示范中心的中方人员在享受国家提供的工资之外,不应该再分享创收收入。非洲国家虽然农业资源丰富,不过各种配套设施极其缺乏,再加上语言和习惯问题,开展各项工作都比较困难,在中方人员缺乏积极性的情况下,难以进行自主性创新。所以需要放开限制,让中方人员分享创收收入,可以实行示范中心和国内母公司分成的方式。调动起员工积极性之后,示范中心的创收收入会不断提高,国内母公司的收益也会更大。

二是农业技术示范中心的人员配备问题。在示范中心成立之初,中非双方就人员的配置已经做了要求,特别是对人员数量和人员层次做了要求。不过在实际运营中,对人员的需求与当初的预想可能会不太一致,这就需要非方放松管制,提高示范中心的自主性,这样有利于示范中心各项工作的顺利展开,减少示范中心的负担,最大化地发挥示范中心的功能。

以上两点是笔者对农业技术示范中心运营提出的建议。总之,农业技术示范中心要准确定位功能,积极开拓资金来源,争取企业自主性,为中非农业技术合作做出更大贡献。所以下一部分结合本章对埃塞俄比亚农业经济状况的调查,具体提出中埃农业技术示范中心发展的建议。

2. 中埃农业技术示范中心的建议

根据本书对埃塞俄比亚津奇地区农业情况的深入调查和农业技术条件的掌握,可以得到如下结论。

(1)埃塞俄比亚的农业是一个自身发展的体系,有健全的农业部门和农业推广体系。农业生产与当地农民的生活密切相关,苔麸是埃塞俄比亚最重要的农作物。牛是最重要的牲畜,牛的数量在非洲第一。咖啡和青草在农民的生活中也扮演着重要的角色。

(2)农业生产包括耕地、播种、施肥、打药、收获、运输、脱粒、储存等全过程。在每一个环节上,当地的技术条件都非常落后,几乎都依赖人力。所以农忙时节的劳动力投入是影响苔麸单产水平的最重要因素。

(3)苔麸的单产水平不高,不过鉴于其在当地人生活中的重要地位,提高苔麸的单产水平成了非常好的选择。采用条播技术能显著提高苔麸的单产水平,不过在当地农业技术水平条件下,增加的产量给农户的各个农业生产环节都增加了很大负担。要想普及或大面积采用条播技术,必须使农业生产的整体技术水平得到提高,与条播技术相适应。对中埃农业技术示范中心来说,这何尝不是一个良好的发展机遇。

(4)条播知识的传播对农户采纳条播技术有显著的影响,不少农户未采用条播技术源于对条播技术不正确的认识。

对中埃农业技术示范中心提出如下建议。

(1)在中埃农业技术示范中心的公益性功能方面

中埃农业技术示范中心的公益性功能是通过农业技术示范,提供农业技术服务,不断地让当地农户学习和吸收中国先进的农业技术。①农业技术示范要展示中国成熟先进的农业技术,让当地农户有直观的认识。农业技术展示要提高针对性,要结合当地人的农业情况。比如:可以适当减少展示造价高昂的大棚和当地人从来不吃的猪肉等。与当地人相关的农作物或者蔬菜比如玉米、小麦、辣椒、洋葱等可以适当增多;②中埃农业技术示范中心对当地的农业技术人员或农户进行农业技术培训,尤其是当地政府推进的条播技术的培训;③中埃农业技术示范中心要适当给当地农户提供技术服务,解决他们生产上的困难。针对当地人的农业技术条件,可以先在生产的某些环节上面提供技术服务。比如:示范中心可以提供土地平整服务;在收割环节,示范中心可以引进中国长柄的镰刀或者小型收割机;在脱粒环节,示范中心可以先引进一些小型脱粒机,在农忙时节可以提供脱粒服务;在作物运输方面,可以引进中国北方农村常用的木质地排车,供当地农户使用;在粮食存储方面,也可引进中国的设施。通过提供服务,让这些技术融入当地农业,当农户从这些技术上受益后,再进行销售。如果这样使农业技术示范中心负担过重,也可引进一些中国企业来合作,这更符合商务部和农业部对农业技术示范中心原来的设想。

(2)在中埃农业技术示范中心的可持续发展方面

以前,很多中国援助非洲的农业项目在交到受援方后运行效果不佳,甚至荒废。因此,农业技术示范中心的可持续发展问题才会备受关注。对中埃农业技术示范中心的可持续发展问题有如下建议:①援建单位的国内母公司对农业技术示范中心管理体制要灵活,农业技术示范中心对自身的创收要有分享权,这样才能调动农业技术示范中心中方人员的积极性;②中埃农业技术示范中心可以先发展一些在当地有市场的产业。比如畜牧业,也可以尝试苔麸的种植;③积极寻求与国内农业企业和其他国际组织的合作机会;④埃塞俄比亚政府对农业技术示范中心的农业产品出口有限制,不能只寄希望于埃塞俄比亚政府放开出口限制,埃塞俄比亚政府或许只是在等3年后示范中心交由他们管理。所以中埃农业技术示范中心一定要把可持续发展和自身的公益性功能结合起来,通过引进对当地农民实用的技术,让他们从中受益,让中国的农业技术在当地的农业发展中起到越来越重要的作用。这样埃塞俄比亚政府对示范中心寄予厚望,可能会主动延长技术合作期,示范中心也可以此争取到更宽松的政策空间。

六、本章小结

中国对非洲的农业技术传递是中非农业合作的重要组成部分,是其他合作模式的重要基础。不过由于中非农业发展的差距,中国对非洲的农业技术传递也是中非农业合作的难点。中国对非洲的农业技术传递已经探索出众多方式,主要有援建农场,援建农业技术试验站、农业技术推广站,派遣农业技术专家,培训农业技术人才以及援建农业技术示范中心。不过这些方式的援助效果都未达到预期目标,有些援助方式已经被淘汰,比如纯粹的援建农场和援建试验推广站等,有些方式比如派遣农业技术专家和培训农业技术人才在向更规范化和制度化的方向发展,有些方式是最近开始的创新方式,比如援建农业技术示范中心。

中国对非洲的农业技术传递成效不佳的原因在于援助方式都是基于中国农业的发展经验,未有效结合非洲国家农业的实际。基于此,本章就中埃农业技术示范中心所在的埃塞俄比亚奥罗莫州津奇地区的农业状况进行了考察,考察包括当地的社会制度文化、农业技术、市场的基本情况,并就农业生产情况对农户进行了问卷调查。调查结果发现:中国对当地的农业技术传递的困难在于中国的农业技术与当地的农业生产技术水平的不适应。当地的农业生产技术非常落后,在生产的各个环节上都依赖人力,并且农业生产与农民的生活密切联系。所以单在生产的某个环节上采用中国的农业技术,会带来其他环节的不适应,会给农户的生活带来诸多不便。所以中国的农业技术传递不仅需要提高当地的整个农业生产环节的生产水平,还需要调整当地农户的生活习惯。中国的农业技术传递必然是一个长期的过程。基于调研的内容,对中埃农业技术示范中心的农业技术传递工作进行了有益的建议,并为其如何实现可持续发展提供了建议。

农业技术示范中心是中非农业合作的新形式,如今已经建成运营的有14座,还有6座示范中心在筹备建设中。农业技术示范中心有别于以往的技术援助模式,其具有丰富的多功能性。其功能主要有四个部分:农业技术的示范和培训,农业技术的试验,作为引入企业的平台和实现可持续发展。这四个功能密切联系,相互依赖,其中前两个功能是基础,带动中国企业"走出去"是推动力,可持续发展是保障。虽然农业技术示范中心引入了企业管理的模式,不过由于其具备的特殊背景和特殊功能,农业技术示范中心的企业化运营受到诸多约束。参考运营较成功的农业技术示范中心的经验,农业技术示范中心需要不断争取企业的自主权。在拥有较大自主权的基础上,准确把握示范中心的功能,积极开拓资金来源,协调推进示范中心各功能的实现,以此又可以为自身争取更大的自主权,实现良性循环。

第四章　中国对非洲农业直接投资的现状、问题和建议

一、中国对非洲农业投资的发展和所面临的问题

(一)中国农业企业在非洲投资的历史发展

中国对非洲农业直接投资是中非农业合作的重要组成部分,也会发挥越来越重要的作用。中国 20 世纪六七十年代援建的农场后来通过改革逐渐形成了与非洲国家合资或者中国企业独资的形式,引入了企业化经营,中国的农业企业也开始了对非洲农业的直接投资。中国对非洲的农业投资已形成了独资、合资和承包等多种形式,对中非农业合作的发展起着重要的推动作用。中国农业企业的投资直接给当地农民带来了工作机会、先进的农业机械和管理经验,带动了中国农业机械等各种农用物质的出口。中国农业投资的本地化也使得企业加强对当地农民的农业技术培训,这其实比行政体制下的技术援助更有效率。随着中国对非洲投资的增加,中国投资企业也面临着很多困难和问题,比如如何避免非洲国家不稳定等各种风险,如何更好地遵守当地的法律和当地政府做好沟通,如何处理中非员工间的语言差异和文化冲突,如何让非洲员工适应中国企业的工资待遇、劳动和管理模式,如何处理好与当地农业企业的协调和竞争等。由于中非间的差异,非洲国家员工罢工、骚乱甚至袭击中方人员的

事情也时有发生。本章主要分析中国农业投资企业的投资现状和所面临的问题并提出相应的建议。

1. 历史发展

在 20 世纪 60 年代和 70 年代中国对非洲援建了大量的农场,这些农场的管理需要政府有很强的管理能力和动员能力。由于新独立的非洲国家管理能力很弱,这些农场移交后,大多数因无法正常运营而解散。不过这也为中国农业企业收购这些农场,在非洲进行农业投资,从而实现农业企业"走出去"提供了机会。随着 20 世纪 80 年代初中国的经济体制改革,中国缩小了援外规模,中国的援外体制也发生了变化。农场模式从纯粹的政府主导的援助模式,开始转向政府提供政策和资金优惠,实行企业化经营管理的模式。中国的农业援助模式经过改革形成了两种类型:一种是与非洲国家的合资型企业,如马里甘蔗农场。另一种类型则发展成了独立的中资企业,如中国农垦集团江苏农垦公司在赞比亚援建的中赞友谊农场、喜洋洋农场、阳光农场等。在非洲丰富资源的吸引下,也有很多的民间资本在非洲进行农业投资。

这时期的中国对非投资主要还是依附于中国的对非援助项目及服务于政治目的的,也带动了机械设备、原材料和其他相关产品的出口。所以这时期中国对非洲的农业投资规模比较小,单个项目的投资额都比较少。从 2000 年开始,在中国"走出去"战略的带动下,中国的对非直接投资开始由援助型投资向生产加工和资源开发类投资转变。一方面随着中国经济的快速发展,农业资源的短缺越发明显,为了保证国家的粮食安全等问题,需要利用好国内、国外"两个市场、两种资源",非洲丰厚的未开发农业资源吸引着中国的投资者;另一方面中国企业在纺织、家电、建材、农业、食品加工等行业具有成熟的技术,中国制造的产品价廉物美,在非洲当地市场具有较强的竞争优势,并且还在一定程度上享有欧美等发达国家对非洲国家的优惠政策,为中国产品出口欧美等发达国家开辟新渠道。为了实施"走出去"战略,中国政府对企业到海外设厂提供优惠政策。中国政府适当放宽了对企业在境外投资的限制,从简化手续、增加资金投入、减免税费征收等方面实行政策倾斜。中国政府不断为非洲国家提供贴息优惠贷款、买方信贷,并设立了援外合资合作项目基金、中小企业国际市场发展基金和中非发展基金,为中国企业投资非洲提供资金支持。设立的中非发展基金逐步发展到 50 亿美元,有力地推动了中国企业对非洲资源的大规模开发。中国政府还与非洲大多数国家签订了《双边贸易协定》,与不少国家签订了《避免双重征税和防止偷漏税协定》和《投资保护协定》,不过由于不少非洲国家政府效率低下和法律体系的执行力不够,这些协定对于中国投资的促进作用有限。

受国家政策的引导,近 10 年来中国企业对非洲的直接投资呈平稳快速增长态势,中国对非洲的农业直接投资也呈现出平稳增长的态势。中国对非洲农业的直接投资一方面改变了以往援助项目的不可持续的境地,另一方面其所具有的援助项目的示范和扩散功能依然很明显,甚至效率更高。比如上文提到的位于马里和赞比亚的中国农场,在其周围的中小农场,农户在种植结构、技术等方面都采用了该农场所使用的技术。再比如湖北省援建刚果民主共和国[简称刚果(金)]的恩基利项目从 1973 年开始到现在已经有 40 多年的历史,带动了周围当地的农民学习模仿中国的农业生产技术。

2. 非洲国家投资环境的转变

中国对非洲直接投资的增长,一方面得益于中国政府的政策推动,另一方面也得益于非洲国家投资环境的转变。实际上,非洲并不是理想的对外投资的目的地,在 2011 年非洲国家的投资流入只占到世界总对外投资的 2.88%。前联合国秘书长科菲·安南曾这样描述它:"世界其他地方的许多人一提到非洲,立即联想到国内动乱、战争、贫穷、疾病和上升的社会问题。"不过 21 世纪以来,非洲也展现出了一些投资机会,虽然很多固有的阻碍投资的因素依然存在。

(1)非洲的市场规模

从 2000 年以来,非洲大陆的 GDP 每年保持了 5% 左右的增长速度

（UNECA,2011,p. 12）①。非洲的增长虽然得益于国际原料价格的上涨,不过石油和矿物质的出口只占到非洲经济增长的 1/4 左右。非洲经济的增长更多来源于非洲宏观经济环境的改善和微观的经济制度改革,这也使得非洲孕育着巨大的商业潜力（Roxburgh,2008,p. 10）②。从 2005 年开始,不仅中国,世界上其他国家都大幅增加了对非洲的投资额,而且投资非洲的回报率高于其他发展中国家的一般水平（Roxburgh,2008,p. 17）。

　　非洲的农产品市场需求量大,农产品的价格普遍高于中国国内的价格,主要农产品的销路没有问题,农业生产的利润率高于中国国内的农业生产的利润率。比如中垦集团在赞比亚投资的喜洋洋农场租赁开发投入30 万美元,每年流动资金 18 万美元,年净收益有 12 万美元;阳光农场开发投入 70 万美元,年净收入 15 万美元;友谊农场开垦 400 公顷土地,年净收入 40 万美元（李小云等,2010）。

　　（2）非洲拥有丰厚的自然资源

　　对非洲投资的另外一个重要的原因是非洲拥有丰厚的自然资源,这些自然资源不仅包括石油、天然气、矿物质等化石能源,还包括土地资源和各种农业资源。世界上有一半以上的可开垦土地处于非洲。非洲的自然资源尤其是土地和农业资源有很大的开发潜力。有些非洲国家土地资源丰富,为了吸引外来投资,土地租赁或者购买的价格极低,土地的租赁期长。比如赞比亚租期 99 年,A 公司集团在莫桑比克的租期为 50 年,租赁价格为每公顷 1 美元。陕西农垦同喀麦隆签订的合作协议规定,喀政府承诺无偿提供项目所需土地,使用年限 90 年;在项目实施期间,免除项目所需农业设备、机械的进口关税,为陕西农垦提供了有力的政策支持。

①　United Nations Economic Commission for Africa. Economic Report on Africa. Addis Ababa,E-thiopia:UNECA,2011.

②　Roxburgh C,Dörr N,Leke A,Tazi – Riffi A,Van Wamelen A,Lund S,Chironga M,Alatoviki T,Atkins C,Terfous N,Zeino – Mahmalat T. Lions on the move:the progress and potential of African economies. Mckinsey Global Institute（MGI）,2008.

（3）非洲的市场环境

非洲固有的阻碍投资的因素依然存在（Abdulai,2007）①。一是非洲国家政治风险较高,政府治理能力不够,司法体系运行低效,国外投资者的利益不能得到有效保障;二是非洲落后的基础设施,落后的基础设施使得在非洲生产的成本较高,非洲的物价水平并不低;三是非洲的市场体系很不健全,市场机制失灵,在非洲投资往往要投资整条产业链,资本需求量大;四是非洲虽然拥有众多的人口,不过非洲工人的技术水平低,组织管理能力差,而非洲工人受西方的影响往往要求较高的工资和工作条件,所以非洲的人力成本比中国工人高（Roxburgh,2008,p.28）。中国在非洲的公司虽然要雇佣当地的工人,不过往往也要从国内转移和雇佣相当数量的工人。

国际研究机构 IDS（Institute of Development Studies）曾经就"中国民营企业期望非洲投资环境在哪些方面有所改善"的问题进行了调查,投资企业提出了 14 项有待改进的问题,并按其重要程度依次进行了排序。其中关税和贸易规则和通货膨胀和汇率说明非洲国家宏观投资环境的不稳定;电力的质量、交通排在第二位和第三位,说明非洲在基础设施建设方面还比较落后;有关劳动力的规定说明中国企业人力管理和非洲国家认识之间的冲突;而政策的不稳定性、工人缺乏技能、贪污、社会秩序混乱又凸显了投资环境软件的不足。

（二）中国农业企业在非洲投资的国别及地区分布

1. 中国农业企业在非洲投资的总体趋势和类别划分

（1）中国农业企业在非洲投资的总体趋势

根据商务部批准的中国境外投资企业（机构）数据,中国在非洲总共核准了 135 个农业企业。这里包含的农业企业都是以获得初级农产品为

---

① Abdulai D. Attracting Foreign Direct Investment for Growth and Development in Sub – Saharan Africa:Policy Options and Strategic Alternatives. Africa Development,2007,32（2）:1 – 23.

主要业务的企业,包括农作物和蔬菜等的种植业、渔业、林业、牧业和副业,没有包含农产品加工业。农业企业从 2002 年才开始设立,2005 年前只有三个企业,而中国核准了的非洲投资企业总数为 2707 个,农业企业占比只有 4.98%。

表 4 - 1　中国非洲新核准的农业企业数量
及其在新核准的企业数量中的比

年份	2005 前	2005	2006	2007	2008	2009	2010	2011	2012	2013	2014
新批农业企业	3	6	2	6	13	11	13	14	24	36	7
新批企业	443	984	1202	1331	1678	2256	3040	3548	4513	5523	1077
农业企业占比(%)	0.68	0.61	0.17	0.45	0.77	0.49	0.43	0.39	0.53	0.65	0.65

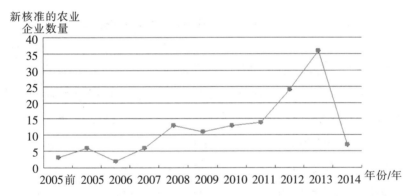

图 4 - 1　中国新核准的农业企业数量的逐年变化

从变化趋势上看,中国的农业企业数量和中国企业的数量在 2005 年到 2013 年得到了快速的增加,农业企业数量从 2005 年的 6 家增加到 2013 年的 36 年,尤其是最近三年增加更快,2014 年前两个月已经新核准了 7 家农业企业。中国新核准的企业数量从 2005 年的 984 家增加到 2013 年的 5523 家,2014 年前两个月已经新核准了 1077 家农业企业。从两者的变化趋势比较来看,中国新核准的企业数量的增加更加稳定,农业企业的增加速度有波动,导致两者的比例有波动,不过最近三年的比例趋于稳定。中国新核准的农业企业在中国新核准的企业数量中所占比例很小,中国对非洲的农业投资不如其他领域的投资发展快。

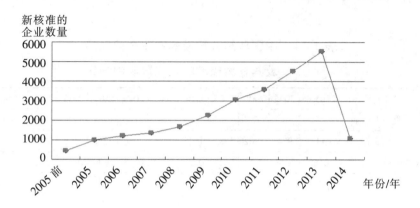

图4-2　中国核准的企业数量的逐年变化

(2)中国农业企业在非洲投资的类别划分

中国对非洲投资的农业企业的类别划分见表4-2。类别分为农、林、牧、副、渔和综合类。综合类是指农业企业经验管理综合性的农场等,进行农、林、牧、副、渔多方面的投资和开发。从表4-2可以看出,中国农业在非洲有一半以上从事种植业,种植业包括谷物、蔬菜、棉花等经济作物,还有一些稀有的医用或者化工用植物。其实中国的农业企业都不仅仅只从事某一项农业活动,还同时经营农牧业或者牧副业,而且大都还包括农产品加工、销售和贸易等产业链,有些还从事农机、农资等的销售和服务。

表4-2　中国在非投资的农业企业的类别划分

类别	农	林	牧	副	渔	综合
数量	77	24	8	6	18	11
比例	57.04%	17.78%	5.93%	4.44%	13.33%	8.15%

2. 中国农业企业在非洲投资的主要东道国

表4-3前三列给出了中国在非洲农业投资企业数量的非洲国家排序,后三列给出了中国在非洲投资企业数量的非洲国家排序。从表4-3可以看出来,中国企业整体在非洲投资的强度和农业企业在非洲投资的强度并不一致。从这个表可以将非洲国家大致分为四类。第一类同时存在于表中两列的国家,比如赞比亚、苏丹、加纳、津巴布韦、尼日利亚和坦桑尼亚。这些国家与中国的合作历史长,中国在这些国家中的发展有基础,所以农业企业数量和其他类型的企业的数量都比较多。第二类是存在于第一列,而不在第二列的国家,有莫桑比克、加蓬、赤道几内亚、利比里亚、喀麦隆、马达加斯加和马里。这些国家主要是以农业为主的国家而矿产资源并不是很丰富,吸引了更多的中国农业企业。第三类是存在于第二列,而不在第一列的国家,有南非、埃塞俄比亚、安哥拉、肯尼亚、埃及、刚果(金)和阿尔及利亚等国家,这些国家吸引中国的投资主要在于其较好的市场和丰富的矿产资源,而农业资源相对缺乏。其中埃塞俄比亚是个传统的农业国家,不过埃塞俄比亚人口多,未开垦的土地等资源并不多,况且埃塞俄比亚位处高原土地也不易于开垦。第四类国家是没有出现在表中的国家,是中国企业和农业企业投资都不多的国家。

表4-3 中国投资企业数量和农业企业数量排名前13位的国家和投资强度

排序	国家	企业数量	农业企业数量	国家	企业数量	农业企业数量
1	赞比亚	177	18	尼日利亚	296	5
2	莫桑比克	69	9	南非	189	4
3	加蓬	29	8	赞比亚	177	18
4	苏丹	90	8	埃塞俄比亚	140	3
5	赤道几内亚	22	7	坦桑尼亚	139	5
6	加纳	136	7	加纳	136	7
7	利比里亚	32	7	安哥拉	112	4

续表

排序	国家	企业数量	农业企业数量	国家	企业数量	农业企业数量
8	津巴布韦	92	6	肯尼亚	111	3
9	喀麦隆	43	5	埃及	110	1
10	马达加斯加	30	5	民主刚果（金）	97	3
11	马里	41	5	津巴布韦	92	6
12	尼日利亚	296	5	苏丹	90	8
13	坦桑尼亚	139	5	阿尔及利亚	86	0

3. 中国农业投资企业在非洲的地区分布

非洲拥有 50 多个国家,国家间的发展水平和发展类型很有差异。为了进一步分析中国农业企业在非洲投资的分布,按照非洲国家的经济类型进行分类。Roxburgh(2008,p. 25)按照经济多样性和人均出口,把 2000 年到 2008 年经济总量占到非洲 97% 的 31 个国家分成了四种类型:多样性经济、石油出口型经济、转型期经济和未转型经济四种。

表 4 – 4　非洲国家按照经济类型的分类

经济类型	国家
多样性经济	南非、摩洛哥、突尼斯、毛里求斯、埃及、纳米比亚、科特迪瓦、博茨瓦纳
石油出口型经济	安哥拉、刚果（布）、乍得、阿尔及利亚、利比亚、加蓬、赤道几内亚、尼日利亚、苏丹
转型期经济	赞比亚、塞内加尔、肯尼亚、莫桑比克、乌干达、加纳、喀麦隆、坦桑尼亚、卢旺达
未转型期经济	马达加斯加、埃塞俄比亚、刚果（金）、马里、塞拉利昂、苏丹

多样性经济以南非、摩洛哥和突尼斯为主要代表,这些国家位于非洲最富有的国家之列,政治比较稳定,经济稳定增长,制造和服务行业在国内经济占有重要的地位,出口结构合理,居民的消费能力不断提升,市场发展显现潜力。石油出口型经济以尼日利亚、安哥拉和阿尔及利亚为主

要代表,这些国家在非洲是人均收入最高的国家,不过经济的增长主要来源于石油和天然气产量的增加和价格的上涨,经济部门单一,而且由于对资源的所有权和收益权的竞争,这些国家经常政局不稳定。

转型期经济以肯尼亚、塞内加尔和加纳为主要代表,这些国家的人均收入低于前两种类型经济,农业和资源出口在国民经济中仍占有很大比重,不过制造业的增长速度很快。未转型期经济以埃塞俄比亚、马里和刚果民主共和国为代表,这些国家长期遭受战争的困扰,发展基础薄弱,拥有大量的农村人口,经济增长不稳定,国民收入除了来自农业和资源出口,很多来自于国际援助。

表 4 - 5　中国投资非洲企业和农业企业数量

按照非洲国家经济类型的划分

经济类型	农业企业的数量	中国投资企业总数	农业企业的数量/中国投资企业总数
多样性经济	8	489	1.64%
石油出口型经济	26	634	4.10%
转型期经济	49	771	6.36%
未转型期经济	26	432	6.03%

农业投资企业在多样性国家中数量最少,所在比例最低,在这些国家中农业投资较少,说明中国对非洲的农业投资不是市场寻求型,中国的农业资源短缺,出口能力也有限。石油出口型经济次之,这些国家中,石油等矿产资源的投资占主要部分,比如在阿尔及利亚,中国就没有农业投资企业,农业投资企业集中在加蓬、赤道几内亚等少数几个国家。农业投资企业在转型期国家中数量最多,所占比重最大,因为在这些国家中农业资源丰富,并且与处于未转型经济的国家相比,市场条件较好,所以这些国家吸引了中国最多的农业投资企业。未转型经济的国家也吸引了中国农业企业的投资,如果这些国家的政治和市场环境能不断得到改善,会吸引更多的中国农业企业的投资。

从本小节中国农业投资的增长趋势、行业分布、东道国和地区分布可以看出,中国对非的农业投资虽然获得较快的发展,不过在中国对非洲投资中所占比重依然较小。中国农业投资非洲以种植业为主,并且经常在经营农业的同时,兼营农产品加工业和农产品贸易等产业链,或者兼营其他领域的产业。中国的农业投资属于资源寻求型而不是市场寻求型,这与非洲国家农业资源丰富和中国农业资源相对短缺、出口能力有限相关。

(三)中国农业企业在非洲投资的主要困难

由于农业项目投资期长、收效慢,非洲各国国内政治环境和农业政策的多变性,加上农业企业本地化过程中所面临的和当地社会文化和工人的相容性,在非洲的中国农业企业面临着不少风险。主要有政治风险、经济风险、自然风险和社会风险等。

1. 政治风险

政治风险是指围绕某一国际项目或企业的设定经营结果(收入、成本、利润、市场份额、经营的连续性等),而可能出现源自于东道国政治、政策、抑或外汇制度的不稳定性的非市场不确定变化(丁文利,1988)。政治风险往往有突发和难以预测性、破坏性大等特点。政治风险主要有直接的或间接的国有化与财产征用没收、战争或内乱带来的政治暴力风险和东道国的违约风险。

随着经济全球化和中非友好关系的发展,传统的直接的国有化与财产征用没收逐渐被间接的国有化所取代。间接的国有化与财产征用没收主要是出于腐败动机而采用的贸易保护主义,或以各种借口扰乱中国企业经营,以罚款或者间接的索贿。这种间接的索贿在很多非洲国家普遍存在,给中国的企业带来了不少的利益损失。许多非洲国家还处于政治发展的转型期,各种利益纠纷容易发生,并存在根深蒂固的民族、宗教等矛盾,矛盾激化时就会危及政局稳定。"911"事件之后,一些不稳定的非洲国家成为了国际恐怖分子的活动场所,严重威胁着中国企业的海外经济利益和人员安全。苏丹是中国最大的国外石油投资所在地之一,也是中国的友好合作国家。南苏丹的分裂给原来投资的中石油公司的运营带来了很大的障碍。内战所引起的恐怖主义活动愈加猖獗,中石油公司发展战略深受影响。在非洲不少国家,尤其是利益争夺激烈的石油出口型国家,恐怖主义活动时有发生,中国工人的安全受到了不小的威胁。比如,2004年苏丹班布地区辽河油田筑路公司的施工人员有两人遇害。2007年尼日利亚连续发生了3起中国工人被绑架事件。2008年在靠近达富尔的地区9名中国工人被绑架,其中4名惨遭杀害。2008年在苏丹中石油公司的9名工作人员被绑架。由于非洲国家政权更迭所造成的政策不稳定会带来东道国的违约风险。比如2013年,赞比亚矿业部长宣布,鉴于中资企业科蓝煤矿长期存在生产安全及环境问题,赞比亚政府决定即日起接手运营该矿,并吊销科蓝煤矿拥有的其他3个小矿的经营执照。

2. 经济风险

政治风险所带来的政局不稳,暴乱频发给中国投资企业带来了很大利益的损失,不过这主要发生在利益争夺激烈的石油出口型国家。对于中国农业企业投资多的处于转型期和未转型期的国家,中国农业企业难以迅速发展壮大的主要原因在于农产品销售问题。非洲国家大多数人口在农村,而农村人生活贫困,购买力低下,农产品市场相对狭小;非洲国家对主要农产品的销售进行管制;非洲国家的大农场主受到非洲国家的补贴和政策优惠;西方国家在非洲各国也建立了不少大农场;非洲国家出于粮食安全的考虑,禁止中国农业企业的产品(尤其是粮食产品)出口;非洲农民传统的消费习惯中的谷物和蔬菜的种类非常有限,中国的很多谷物和蔬菜不符合当地人的消费习惯。这些因素使得中国农业企业在非洲面临的市场非常有限。农产品市场和销售成了制约中国农业企业在非洲发展的瓶颈。

湖北省援建刚果民主共和国[简称刚果(金)]的恩基利项目从1973年开始,在国家终止项目补贴后,自负盈亏,但受限于市场销售的规模,难以发展壮大。目前项目面积只有11公顷,但是项目能保证不亏损,实现可持续。此项目到现在已经有 40 年的历史,也带动了周围不少当地的农民学习模仿中国的农业生产技术。

农业技术示范中心要实现可持续性,能依靠的只有自己生产出来的农产品。但是由于市场狭小,当地农民消费的蔬菜种类有限,农业示范中心的农产品大都只能卖给在非洲的中国人,基本上是半卖半送。如果产品能在国家市场上销售,解决了市场问题,中国企业会迅速发展,中非渔业合作就是个非常好的例子。受益于《洛美协定》可以把产品直接销售到欧洲市场,中非渔业合作已经形成规模生产。中国水产集团总公司在非洲 13 个国家有 23 个渔业合作项目,有渔船 450 多艘,劳务人员近万名,水产品年产量 40 多万标准吨,取得较好的经济效益。

市场是企业的生命线,缺乏市场企业就会缺乏生存能力。缺少生存能力就需要政府采取各方面的保护措施。有些在非洲的农业企业提出,可以由国家来收购粮食,再无偿或低价销售给企业所在国,不过这种办法实际上是变相的无偿援助,并不符合中国目前的援助策略。当然,在市场条件较好的国家,中国的农业企业也能获得较好的发展。比如上面提到的中国农垦公司在赞比亚的农业项目等。

3. 自然风险

非洲虽然农业资源丰富,不过非洲旱灾、台风暴雨、蝗灾鸟害等天灾和病虫害频繁。农业由于周期长,收益慢,水灾、风灾、草灾、鸟灾、虫灾等灾害对农业生产破坏严重。比如在埃塞俄比亚,雨季和旱季分明,雨季过后是长达 8 个月的旱季,旱季时候草木不生。由于当地缺乏必要的储水设施和农田水利设施,农业生产面临着很大的困难。在莫桑比克,鸟灾严重,A 公司集团在莫桑比克林波波河流域投资的几万亩水稻,由于雨季水位暴涨河流决堤,几万亩水稻颗粒无收,给企业带来巨大损失。

4. 社会风险

中国农业投资企业要在非洲实现长期的可持续发展,需要走本土化的战略。不过由于中非间语言、文化、习俗、宗教和消费习惯迥异,企业管理理念和模式不同,同时非洲国家疾病频发,给企业的正常管理和运营带来了不少困难。

　　非洲大多数国家均按照西方的模式建立了法律体系,其中劳动法对工资标准和劳动时间具有明确的规定。许多中国的农业投资企业按照中国的文化习惯,因而常常引起纠纷。比如在赞比亚,一辆叉车发生故障,三名中国工人扛起了货物,而赞比亚矿工则在一边旁观,因为他们认为货物过重。中方管理人员会因为工人浪费时间而对其进行训斥,但赞比亚矿工认为,让工人负重会带来安全问题。

　　非洲国家员工由于宗教和文化传统的原因,对假期的要求以及工作时间的弹性管理方面的要求容易引起中方管理者的不满,甚至出现了中非管理者不尊重当地文化传统、宗教信仰和不尊重当地劳动者的情况,容易引起管理者和劳动者之间的对立。另一方面,中国的农业投资企业与非洲本地企业的发展形成了市场竞争关系,在一定程度上挤压了非洲本地企业的发展空间,由于中非间在市场竞争理念上的不同,中国企业的进入引起了非洲本地民众的怨恨。比如在赞比亚,一些政府官员抱怨,中国的养鸡户抢了当地人为餐馆和企业食堂供货的生意。

　　在非洲的中国投资企业也要面对非洲国家疾病的困扰。非洲国家疟疾和艾滋病多发,严重影响人民身体健康,从而降低劳动生产率。根据世界卫生组织估计,全世界70%—90%的疟疾病例发生在非洲,撒哈拉以南非洲妇女中70%感染艾滋病。中国员工在非洲染病也时有发生,有些甚至失去了生命。

二、中国对非洲农业投资的影响因素分析

(一)中国投资非洲的现状和特点

1. 中国对非投资在中国对外投资中的地位

随着中国经济实力的增强(见表4－6第一行),中国在不断地融入世界经济,其中一个重要的方式是对外直接投资。在1999年"走出去"

投资战略的带动下,中国对外投资额增长迅速(见表4－6第二行),与世界总对外投资额的比例从2003年的0.47%增加到2011年4.52%(见表4－6第三行),不过所占比例依然很低,中国的对外直接投资仍然处于初级阶段。非洲由于其经济发展的潜力、优厚的自然资源以及较为宽松的竞争环境,成为了中国重要的对外投资对象。近年来,中国对非洲的直接投资额增长迅速(见表4－6第四行),其实除中国以外的其他国家对非洲的投资额从2005年开始也有显著的增长(见表4－6第五行),不过中国对非洲的投资额增长得更快,中国对非洲的直接投资额在非洲接受的总投资额中的比例从2003年的0.41%增长到2011年的6.67%。所占比例不高,而且中国对非洲的投资额在中国对外投资额的占比中并没有显著的增加(见表4－6第六行)。

表4－6　中国对非洲直接投资及其地位

年份	2003	2004	2005	2006	2007	2008	2009	2010	2011
中国GDP/世界GDP	4.37%	4.57%	4.93%	5.47%	6.25%	7.37%	8.59%	9.37%	10.38%
中国对外直接投资	28.55	54.98	122.61	176.34	265.06	559.07	565.29	688.11	746.54
中国对外投资/世界总投资	0.47%	0.75%	1.24%	1.19%	1.32%	3.08%	4.65%	4.89%	4.52%
中国对非投资额	0.75	3.17	3.92	5.20	15.74	54.91	14.39	21.12	31.73
其他国家对非洲投资额	180.83	170.53	305.21	360.55	497.00	534.03	515.25	414.70	444.25
中国对非投资/中国对外投资	2.62%	5.77%	3.19%	2.95%	5.94%	9.82%	2.55%	3.07%	4.25%
中国对非投资/非洲总投资	0.41%	1.83%	1.27%	1.42%	3.07%	9.32%	2.72%	4.85%	6.67%
撒哈拉以南非洲经济增长率	4.39%	6.44%	5.79%	6.12%	6.91%	5.04%	1.97%	4.97%	4.49%

　　数据来源:中国的对外投资额和对非投资额来自2011年度中国对外直接投资统计公报;中

国 GDP、世界 GDP 和撒哈拉以南非洲经济增长率来自世界银行发展指标;世界对
外投资额和其他国家对非洲投资额来自 UNCTADSTAT。投资额单位:现价亿
美元。

2. 中国直接投资非洲的现状和特点

根据 2003 年到 2011 年中国对外投资统计公报中国对非洲直接投资
的数据,以下对中国投资非洲的现状和特点分别按总体、按国家和地区以
及按类型进行分析。数据来源年份是 2003 年到 2011 年,包含了非洲 45
个国家,投资数据已换算成 2009 年不变美元。

(1)中国投资非洲的总体特点

中国对非洲历年的投资额见图 4 - 3。

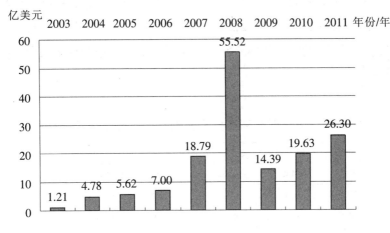

图 4 - 3　中国对非洲历年的投资额,单位:亿美元
(以 2009 年不变美元计算)

从图 4 - 3 可以看出,中国对非洲的投资从 2003 年稳步增加,不过在
2008 年有一个特别显著的激增,主要是因为中国工商银行收购了南非标
准银行 20% 的股份,价值约 54.6 亿美元,这一数值超过了平常年份中国
对非洲总的投资额,这一奇异值的出现对回归结果也带来了非常显著的

影响。为了使回归结果更加稳健,Carike(2012)①在回归处理中加入了南非的虚拟变量,不过加入虚拟变量也把对南非正常年份的投资数据排除在了整体回归之外。由于无法确定这 54.6 亿美元在 2007 年和 2008 年具体的分批投资时间,在下文回归中本书不采用中国对南非这两年的投资数据。

(2)中国对非洲的投资流入额的国别和地区分布

表 4 - 7 给出了中国投资额在 2003 年到 2011 年间流入最多的前 20 个国家、每年平均投资额及在中国对非洲总投资额中所占的比例。受中国工商银行收购南非标准银行影响,南非成了接受中国直接投资最多的地方,占到中国总投资的 39.03%,其次是尼日利亚、苏丹、阿尔及利亚、赞比亚和刚果(金)等资源较丰富的国家。前 20 个国家的投资流入额占到了中国总投资额的 94.51%。在这 20 个国家中再进一步按地区分,同样的,南非地区成了接受中国投资最多的地区,占到 39.71%。其次是东非、北非和西非地区,东非和北非比例相当。最后是中非地区接受中国投资最少。

表4-7　中国对非洲直接投资额在国家和地区间的分布

名次	国家	年投资额	比例	名次	国家群	年投资额	比例
1	南非	66442.13	39.03%		基于地区集中度分		
2	尼日利亚	15702.51	9.22%	1	南非	67603.04	39.71%
3	苏丹	13759.91	8.08%	2	东非	29216.76	17.16%
4	阿尔及利亚	10990.55	6.46%	3	北非	28356.25	16.66%
5	赞比亚	10295.95	6.05%	4	西非	23400.91	13.75%
6	刚果(金)	7515.69	4.41%	5	中非	12323.85	7.24%
7	毛里求斯	5313.03	3.12%		基于经济类型分		
8	津巴布韦	4772.55	2.80%	1	多样性经济	76521.86	44.95%

① Carike C, Elsabé L, Henri B. Chinese foreign direct investment in Africa: Making sense of a new economic reality. African Journal of Business Management, 2012, 6(47): 11583 - 11597.

续表

名次	国家	年投资额	比例	名次	国家群	年投资额	比例
9	尼日尔	4518.78	2.65%	2	石油出口型	51568.06	30.29%
10	埃及	3605.79	2.12%	3	转型经济	15882.62	9.33%
11	埃塞俄比亚	2842.64	1.67%	4	未转型经济	4051.399	2.38%
12	安哥拉	2593.91	1.52%				
13	肯尼亚	2458.40	1.44%				
14	马达加斯加	2155.47	1.27%				
15	加纳	1749.55	1.03%				
16	几内亚	1430.08	0.84%				
17	坦桑尼亚	1378.72	0.81%				
18	刚果	1208.76	0.71%				
19	博茨瓦那	1160.91	0.68%				
20	加蓬	1005.49	0.59%				
	总和	1448107	94.51%				

数据来源：2011年中国对外直接投资统计公报，货币单位：万美元（2009年不变美元）。

　　为了进一步分析中国投资额在非洲国家的流入分布，排除掉因时间因素中国对非洲投资额的增加，表4－8给出了前20个国家的每年投资流入额与中国当年总投资额的比例。从表4－8可以看出中国对非洲投资的三个特点：（1）除了2007年和2008年南非占有中国资金流入的大部分之外，其他年份南非并没有占有特别的优势；（2）对于除南非外的前五位国家，投资流入逐年相对比较持续，排名靠后的国家只是某些年份流入较多，说明中国对非洲的投资还主要依靠大项目的带动；（3）从流入集中度上看，2003年到2006年集中度在不断增加，不过在2009年到2011年集中度又有所放缓。

表 4 – 8　　中国对非主要投资国家的资金流入分布

名次	国家/年份	2003	2004	2005	2006	2007	2008	2009	2010	2011
1	南非	11.85%	5.61%	12.12%	7.84%	28.86%	87.57%	2.89%	19.47%	-0.45%
2	尼日利亚	32.63%	14.34%	13.61%	13.04%	24.79%	2.96%	11.95%	8.75%	6.22%
3	苏丹	0.00%	46.21%	23.27%	9.77%	4.15%	-1.15%	1.34%	1.47%	28.74%
4	阿尔及利亚	3.30%	3.53%	21.67%	19.03%	9.27%	0.77%	15.91%	8.81%	3.60%
5	赞比亚	7.40%	0.70%	2.58%	16.82%	7.58%	3.90%	7.77%	3.55%	9.20%
6	刚果(金)	0.08%	3.75%	1.29%	7.07%	3.64%	0.44%	15.79%	11.18%	2.37%
7	毛里求斯	13.74%	0.14%	0.52%	3.19%	0.99%	0.63%	0.98%	1.04%	13.22%
8	津巴布韦	0.04%	0.22%	0.38%	0.66%	0.80%	-0.01%	0.78%	1.60%	13.87%
9	尼日尔	0.00%	0.48%	1.47%	1.53%	6.40%	0.00%	2.77%	9.29%	1.63%
10	埃及	2.81%	1.80%	3.40%	1.70%	1.59%	0.27%	9.31%	2.45%	2.09%
11	埃塞俄比亚	1.31%	0.14%	1.26%	4.61%	0.84%	0.18%	5.17%	2.77%	2.28%
12	安哥拉	0.25%	0.06%	0.12%	4.31%	2.62%	-0.17%	0.58%	4.79%	2.29%
13	肯尼亚	0.99%	0.84%	0.52%	0.03%	0.57%	0.42%	1.96%	4.79%	2.15%
14	马达加斯加	0.91%	4.30%	0.04%	0.23%	0.84%	1.11%	2.96%	1.59%	0.73%
15	加纳	3.87%	0.11%	0.66%	0.10%	0.12%	0.20%	3.43%	2.65%	1.26%
16	几内亚	1.60%	4.55%	4.17%	0.14%	0.84%	0.15%	1.88%	0.46%	0.77%
17	坦桑尼亚	0.00%	0.51%	0.25%	2.41%	-0.24%	0.33%	1.50%	1.22%	1.67%
18	刚果	0.00%	0.16%	2.07%	2.55%	0.16%	0.18%	1.95%	1.63%	0.21%
19	博茨瓦那	1.07%	0.09%	0.94%	0.53%	0.12%	0.26%	1.28%	2.08%	0.69%
20	加蓬	0.00%	1.76%	0.53%	1.06%	0.21%	0.58%	0.83%	1.11%	0.06%
前 10 名的比例和		71.85%	76.80%	80.30%	80.64%	88.08%	95.37%	69.50%	67.61%	80.49%
前 20 名的比例和		81.85%	89.31%	90.85%	96.61%	94.15%	98.61%	91.03%	90.70%	92.61%

数据来源:2011 年中国对外直接投资统计公报,货币单位:万美元(2009 年不变美元)。

(3)中国对非洲的投资流入额在不同类型经济间的分布

从表 4 – 7 可以看出,在前 20 个国家中,中国对多样性经济的投资额占到 44.95%,其次是石油出口型经济、转型期经济和未转型经济国家接受的投资额较少。

从中国对非洲直接投资的国别和地区分布可看出,考虑到南非的特殊性,中国对非洲的投资持续流入了尼日利亚、苏丹和阿尔及利亚等石油矿产资源丰富的国家。而吸引较多中国农业投资的转型经济和未转型经济的国家,在中国的总投资额中比重较小,只占到 9.33% 和 2.38% ,这也显示出农业投资在中国总投资的比重较小。为验证中国农业投资国别分布的影响因素,并与中国整体投资相比较,下一节农业投资动因的分析整合在中国投资动因分析的框架之下。

(二) 中国投资非洲的动因

1. 中国投资非洲的动因已有研究

自 2000 年以后,随着中国在非洲的影响力不断增强,中国对非洲的直接投资也引起了更多的关注。非洲是一个拥有 50 多个国家的大陆,国家之间的差异性比较明显。所以研究中国的投资在非洲各国间的分布及其决定因素就成了重要的研究对象。Carike(2012)通过 2003—2008 年中国对非洲的直接投资研究,发现农业用地、市场规模和是否是石油输出国是中国投资非洲显著的影响因素。董艳等[①](2012)发现市场规模、石油和天然气储量和基础设施对中国对非洲投资有显著的影响,使用的是 2005 年到 2007 年中国的投资数据。陈岩等(2012)[②]除了考虑经济的影响因素外,还考虑了中国和东道国的制度因素对中国投资非洲的影响,采用了 2003 年到 2009 年的投资数据。不过这些研究忽略了两个重要的基本事实,一是中国对非洲投资是随着中国国力的不断增强而实施的,这也是中国虽然对非洲投资不断增加而在中国对外总投资的比例并没有显著增加的原因,所以在模型的回归中要考虑时间因素的影响。二是有一些非洲国家的经济是以石油出口为主,石油的出口在 GDP 中占有很大的比重,这时候 GDP 可能不再是市场规模的合适代表,GDP 和石油产量也会

---

① 董艳、张大永、蔡栋梁:《走进非洲——中国对非洲投资决定因素的实证研究》,载《经济学(季刊)》2011 年第 10 卷第 2 期。

② 陈岩、马利灵、钟昌标:《中国对非洲投资决定因素:整合资源与制度视角的经验分析》,载《世界经济》2012 年第 10 期。

有很高的相关性,这可能会削弱回归结果的解释力。

2. 中国投资非洲动因的回归分析

(1)变量选择和模型

根据国际直接投资理论和已有文献,对外投资额国别分布的影响因素主要有被投资国的市场规模、自然资源禀赋、战略资源禀赋、人力成本、制度环境、对外开放的自由度、基础设施以及被投资国与投资国的距离和文化相似性等等。根据非洲的特点,本书主要选择市场规模、自然资源禀赋、制度环境、对外开放的自由度、基础设施等影响变量。农业依然是非洲的支柱产业,农业发展潜力巨大,而且中非农业合作已有半个世纪的历史,积累了比较丰富的经验,在自然资源禀赋变量里面本书选择农业用地与土地面积的比例(agrland)。在矿产资源变量的选择中,因为能源产量与石油的储量有很高的相关性,并且为了避免产生内生性的问题,这里选择已探明的石油储量(oilres$_{-1}$),-1 表示使用了前一期的数值,即 2002 年到 2010 年的数值。对于制度环境,本书主要考虑政治稳定度(porisk$_{-1}$)、通货膨胀率(inrate$_{-1}$)和宗主国的货币对人民币的汇率(exrate),对于对外开放的自由度,本书考虑宗主国进出口额占 GDP 的比例(open)和国外直接投资存量与 GDP 的比例(fdisto)。

为了详细分析中国直接投资非洲的动因,本书建立的面板数据回归模型包括基本模型和扩展模型。

①基本模型

基本模型适用于中国对非洲投资的 45 个国家,包括四种经济类型的国家。回归模型的因变量是中国对非洲各国的 2003 年到 2011 年各年的投资流量,记 CFDI。基本模型如下:

$$CFDI = f(agrland, oilres_{-1}, posta_{-1}, inrate_{-1}, exrate, open, fdisto)$$

②扩展模型 1

市场规模(GDP)是对外投资的重要影响因素,而在基本模型里面没有加入,如前所述,主要是为了排除石油出口型国家的干扰。石油出口型国家吸引了中国相当的投资,而且石油型国家的石油出口占 GDP 相当大的比例。所以为了验证中国投资非洲是市场寻求型的投资,扩展模型1适用于除石油出口型以外的非洲国家。为了进一步区分农业投资和其他投资的影响因素的不同,把扩展模型1应用于处于转型期的和未转型的国家,记作扩展模型1'。

$$CFDI = f(agrland, oilres_{-1}, posta_{-1}, inrate_{-1}, exrate, open, fdisto, gdp)$$

③扩展模型2

良好的基础设施对于吸引国外投资的流入有积极作用 Mina (2007)[①],不过为了开发非洲的资源优势,减少投资企业的运营成本,国际投资企业会投资于当地的基础设施建设,尤其是中国。非洲国家在和国外投资公司签订资源投资协议的时候,逐渐地也把基础设施建设作为附加条款。所以在扩展模型2中,加入了代表基础设施的变量每百人拥有的电话线路数量($phone_{-1}$)。为了区分市场规模和自然资源的影响,本模型适用于除多样性经济以外的非洲国家。进一步地,把此模型只应用于矿产资源丰富的国家,记作扩展模型2'。

$$CFDI = f(agrland, oilres_{-1}, posta_{-1}, inrate_{-1}, exrate, open, fdisto, phone_{-1})$$

④扩展模型3

为了验证避免双重征税和防止偷漏税协定和投资保护协定等协议的签订是否对中国的对非投资有明显的促进作用。扩展模型3在基本模型中加入了两个虚拟变量:是否签订投资保护协定($fdipro$)和是否签订避免双重征税和防止偷漏税协定($taxrem$)。本模型适用于中国对非洲投资的45个国家。

$$CFDI = f(agrland, oilres_{-1}, posta_{-1}, inrate_{-1}, exrate, open, fdisto, fdipro, taxrem)$$

---

① Mina W. The Location Determinants of FDI in the GCC Countries. Journal of Multinational Finacial Management, 2007, 17(4): 336 - 348.

⑤扩展模型 4

为了更准确地分析中国农业企业投资的影响因素,将基本模型的自变量改为新核准的农业企业数量(记为 agrfirm)进行回归,回归采用横截面固定效应的面板数据回归,此模型应用于全体非洲国家。考虑到中国对非洲农业主要投资于转型期和未转型的国家,将此模型应用于转型期和未转型的国家得到扩展模型 4'。

$$agrfirm = f(agrland, oilres_{-1}, posta_{-1}, inrate_{-1}, exrate, open, fdisto)$$

⑥扩展模型 5

将扩展模型 5 应用到除石油出口型经济以外的非洲国家,并在模型中加入变量是否签订投资保护协定(fdipro)和是否签订避免双重征税和防止偷漏税协定(taxrem)以考察其对农业投资企业设立的作用。

$$agrfirm = f(agrland, oilres_{-1}, posta_{-1}, inrate_{-1}, exrate, open, fdisto, fdipro, taxrem)$$

(2)数据来源和说明

回归模型的因变量和各协变量的赋值和数据来源见表 4 – 9,表 4 – 10 给出了各个协变量的相关系数。

表 4 – 9　回归变量解释和来源

变量符号	变量名称和赋值	理论意义	数据来源
CFDI	中国对非洲直接投资流量(万美元)		2011 中国对外直接投资统计公报
agrland	农业用地与土地面积的比例(%)	资源寻求型	世界银行发展指标
Oilres$_{-1}$	已探明石油储量(百万桶)	资源寻求型	美国能源信息管理局 EIA
posta$_{-1}$	政治稳定性(值越大政治越稳定)	交易费用	世界银行政府治理指标
Inrate$_{-1}$	以消费者价格指数衡量的年通货膨胀率	宏观经济条件	世界银行发展指标
exrate	宗主国货币对人民币的汇率(固定于美元)	人民币相对价值	世界银行发展指标
open	进出口货物的价值与 GDP 的比值(%)	经济开放程度	世界银行发展指标

续表

变量符号	变量名称和赋值	理论意义	数据来源
fdisto$_{-1}$	国外总投资存量与 GDP 的比值(%)	投资政策	UNCTAD FDI 数据库
phone$_{-1}$	每百人拥有的电话线路的数量	基础设施	世界银行发展指标
gdp	宗主国 GDP(美元)	市场寻求型	世界银行发展指标
fdipro	是否签订投资保护协定(0-1)	风险规避	中国商务部
taxrem	是否签订避免双重征税和防止偷漏税协定(0-1)	利益导向	中国税务总局公告

注:所有货币额已换算成了 2009 年不变美元。

表 4-10　　回归协变量的相关系数

	agrland	exrate	fdisto	gdp	inrate$_{-1}$	oilres$_{-1}$	fdipro	phone$_{-1}$	open	posta$_{-1}$	taxrem
agrland	1.00	0.12	-0.15	0.18	-0.04	-0.01	0.16	-0.25	-0.09	-0.07	0.21
exrate	0.12	1.00	-0.07	-0.20	-0.01	-0.13	-0.19	-0.27	-0.18	-0.22	-0.19
fdisto	-0.15	-0.07	1.00	-0.08	-0.01	-0.09	-0.08	0.06	0.32	-0.05	0.09
gdp	0.18	-0.20	-0.08	1.00	-0.05	0.42	0.26	0.18	-0.20	-0.14	0.42
inrate$_{-1}$	-0.04	-0.01	-0.01	-0.05	1.00	-0.02	0.14	-0.06	0.07	-0.13	-0.05
oilres$_{-1}$	-0.01	-0.13	-0.09	0.42	-0.02	1.00	0.17	0.08	0.00	-0.18	0.01
fdipro	0.16	-0.19	-0.08	0.26	0.14	0.17	1.00	0.20	-0.14	-0.13	0.26
phone$_{-1}$	-0.25	-0.27	0.06	0.18	-0.06	0.08	0.20	1.00	0.27	0.48	0.43
open	-0.09	-0.18	0.32	-0.20	0.07	0.00	-0.14	0.27	1.00	0.27	-0.01
posta$_{-1}$	-0.07	-0.22	-0.05	-0.14	-0.13	-0.18	-0.13	0.48	0.27	1.00	0.02
taxrem	0.21	-0.19	0.09	0.42	-0.05	0.01	0.26	0.43	-0.01	0.02	1.00

(3)回归模型的结果和分析

表 4-11 给出了上一节确定的基本模型和扩展模型的回归结果,根据 Hausman 检验,所有模型都使用横截面和时间双固定的面板数据回归。如前所述,因为中国经济实力的不断增强,时间固定的面板数据回归考虑了时间对投资额度的影响。

基本模型回归结果显示宗主国的农业用地占土地面积的比例对吸引中国投资具有显著的负向影响,说明宗主国可开垦的土地越多,中国的投资会越多。同样,已探明的石油储量对中国的投资流入具有非常显著的促进作用。而宗主国的政治风险、通货膨胀率与人民币的汇率、净出口额、国外投资存量等变量对中国的投资流入没有显著的影响。

在扩展模型 1 和 1'中,因为回归不包括石油出口型的国家,变量石油储量变得不再显著。农业用地在扩展模型 1 中依然有非常显著的影响,不过在模型 1'中不再显著。因为在模型 1'中只考虑了未转型的国家和处于转型期的国家,这些国家的农业是国家的支柱产业,国家之间农业方面的差距不再像基本模型和扩展模型 1 中的那么明显。同时,扩展模型 1'中的政治风险和进出口额比例变得显著。政治风险的系数是负值,说明中国更倾向于投资风险较大的国家;进出口额比例的系数是正值,说明中国倾向于投资经济开放度更高的国家。因为未转型和处于转型期的国家的国内市场一般会比较小,经济开放度高的国家面临的国际市场会更大。最后,市场规模 GDP 对中国的投资流入有显著的促进作用,说明中国对非洲投资是属于市场寻求型的。

表 4 - 11 中国直接投资非洲的影响因素分析

解释变量	基本模型	扩展模型 1	扩展模型 1'	扩展模型 2	扩展模型 2'
常数 C	67725.21	86111.47	-8728.14	65273.44	142657.20
	(0.0000)	(0.0000)	(0.0855)	(0.0000)	(0.0000)
农业用地	-1534.22***	-1849.39***	135.76	-1592.29***	-4267.53***
(agrland)	(0.0000)	(0.0000)	(0.2295)	(0.0000)	(0.0000)
石油储量	723.27***	-249.72	3978.95	644.67**	104.27
(oilres$_{-1}$)	(0.0039)	(0.7571)	(0.5116)	(0.0105)	(0.8322)
政治稳定度	-643.06	20.46	-899.28**	-781.71	-10759.91**
(posta$_{-1}$)	(0.5815)	(0.9868)	(0.0428)	(0.5107)	(0.0273)
通货膨胀率	7.76	1.99	1.58	7.07	21.99
(inrate$_{-1}$)	(0.1500)	(0.7665)	(0.4816)	(0.1842)	(0.1227)
与人民币汇率	-3.76	-5.47	-2.11	-4.19	21.47
(exrate)	(0.7868)	(0.6802)	(0.6395)	(0.7625)	(0.8741)

续表

解释变量	基本模型	扩展模型1	扩展模型1'	扩展模型2	扩展模型2'
进出口额比例 （open）	0.05 (0.9986)	−6.24 (0.8374)	22.18** (0.0433)	13.95 (0.6350)	−0.43 (0.9963)
国外投资存量 （fdisto）	−44.33 (0.9639)	171.6886 (0.8549)	−180.96 (0.5648)	−596.13 (0.6078)	−18809.59** (0.0419)
市场规模 （gdp）		6.84E−08 (0.1003)	1.60E−07** (0.0105)		
基础设施 （phone$_{-1}$）				1102.79 (0.1161)	6879.55*** (0.0044)
投资保护协定 （fdipro）					
避免双重征税 协定（taxrem）					
调整后的 R^2	0.3874	0.3415	0.3685	0.4298	0.5814
F 统计量	4.7296***	3.8821***	3.8063***	5.1754***	5.5399***

注：*、**、***分别表示回归系数分别在10%、5%和1%水平下显著不为零。括号内是概率值。

在扩展模型2和2'中，没有考虑多样性经济的国家，农业用地的影响依然显著。在模型2中，石油储量有显著的正向影响，不过在模型2'中影响不再显著，这是因为模型2'只是考虑了资源丰富的国家，石油储量的差别不像别的模型那么大。同时，在模型2'中，政治稳定度、国外投资存量和基础设施变得非常显著。政治稳定度系数是负值，显示中国倾向于投资风险较大的国家。国外投资存量系数是负值，说明中国更多地投资于国外投资不多的国家，国外投资不多一方面说明这国家的投资政策不够吸引国外投资，另一方面也说明这些国家在吸引外资方面能力不够，不过国外投资不多也说明中国面临的国际竞争不大。这说明了中国投资的一个特点：投资于政治风险较大、国外投资不多且资源丰富的国家。与预期不一致的是，基础设施的符号是正值，说明中国并不是投资于基础设施不好的国家。这可能来源于内生性的问题,不过本书利用前一期的基础设施值予以了纠正。中国投资于基础设施较好的国家,这可能是因为矿产资源丰富的国家的个人平均收入很高,而且资源已经开发多年,其基础设施会比资源贫乏的国家要好。

在扩展模型3中,我们考虑了是否签订投资保护协定(fdipro)和是否签订避免双重征税和防止偷漏税协定(taxrem)对中国投资非洲的影响。与预期的不同,结果显示是否签订投资保护协定和是否签订避免双重征税和防止偷漏税协定对中国的投资流入有负向作用。这与陈岩等(2012)的研究结果相反。主要原因可能是南非2007年和2008年的奇异值对回归结果的影响。协定的签订对中国投资流入有负向作用,说明签订协议可能是因为逆向选择的原因,与中国签订协议的国家都是传统的中国投资较少的国家。另外由于非洲国家的执政能力不强,签订协定是否能对中国投资者提供切实的保护也值得商榷。

在扩展模型4中,石油储量对中国设立企业数量有显著的正向作用,东道国的国外投资存量对中国设立企业数量有显著的负向作用。将该模型应用于转型期和未转型期国家中,农业用地对中国设立企业数量有显著的正向作用,石油储量对中国设立企业数量有显著的负向作用,与人民币的兑换汇率对中国设立企业数量有显著的正向作用,东道国的国外投资存量对中国设立企业数量有显著的负向作用。石油储量的变化是因为在石油丰富的国家,农业企业设立数量也较多,主要是这些国家经济发展比较好,农产品市场较好,而对于转型期和未转型期国家,石油储量不再有显著的促进作用,而农业用地开始起显著作用。

在模型5中加入是否签订投资保护协定(fdipro)和是否签订避免双重征税和防止偷漏税协定(taxrem)两个变量,回归结果显示,是否签订投资保护协定(fdipro)虽然对中国投资的增加没有显著的促进作用,不过对中国农业企业的设立却显示出正的促进作用。模型4和模型5都明显地显示出,中国在非洲国家设立的农业企业数量都与东道国国家的外国投资存量有显著的反向关系,这也与中国的投资额的分布规律相一致,说明中国的农业企业投资和其他类型的投资一样,倾向于投资竞争不太激烈的国家。

从这些模型的回归中可以得到中国对非洲投资和中国农业企业在非洲设立之间的相同和不同之处。相同之处在于:一是两者都是资源寻求型的投资,不过中国的投资大部分投资于矿产资源,农业企业投资于土地资源;二是两者都倾向于投资外国投资数量不多的国家,这是因为在这些国家,国际竞争不太激烈,这也与中国处于对外投资初期,中国投资企业相对缺乏国际竞争力有关。不同之处在于:一是中国倾向于政治风险较大的国家,而中国农业企业的设立没有发现此关系;二是投资保护协定的签订对于中国投资显示出负向作用,而对于中国农业企业的设立有正向的促进作用;三是非洲农业国家东道国货币与人民币汇率的变化对于中国的投资没有显著的影响,不过对于中国农业企业的设立有显著的影响,说明中国的农业企业更容易受到东道国宏观经济环境的影响。需要说明的是,这里只是对中国农业企业的设立数量进行了回归,与中国农业企业的投资额回归不同。

表 4 – 12　中国直接投资非洲的影响因素分析(续)

解释变量	扩展模型 3	扩展模型 4	扩展模型 4'	扩展模型 5	扩展模型 5'
常数 C	73963. 56	– 1. 12	– 3. 43	– 1. 23	– 1. 25
	(0. 0000)	(0. 2445)	(0. 2051)	(0. 2073)	(0. 2050)
农业用地	– 1648. 89 * * *	0. 03	0. 09 *	0. 03	0. 03
(agrland)	(0. 0000)	(0. 1532)	(0. 0878)	(0. 1218)	(0. 1359)
石油储量	729. 18 * * *	0. 05 * *	– 5. 24 * *	0. 30 * * *	0. 30 * * *
(oilres $_{-1}$)	(0. 0034)	(0. 0203)	(0. 0138)	(0. 0000)	(0. 0000)
政治稳定度	– 1089. 84	– 0. 06	0. 17	0. 04 * *	0. 08
(posta $_{-1}$)	(0. 3489)	(0. 5730)	(0. 5184)	(0. 7229)	(0. 5221)
通货膨胀率	7. 58	– 6. 03E – 5	– 0. 01	– 9. 75E – 5	– 8. 96E – 5
(inrate $_{-1}$)	(0. 1549)	(0. 9010)	(0. 4091)	(0. 8310)	(0. 8435)

续表

解释变量	扩展模型3	扩展模型4	扩展模型4'	扩展模型5	扩展模型5'
与人民币汇率	-7.79	-0.00	0.01**	0.00	0.00
（exrate）	(0.5728)	(0.2848)	(0.0259)	(0.2117)	(0.2159)
进出口额比例	2.88	-0.00	-0.01	-0.00	-0.00
（open）	(0.9138)	(0.3526)	(0.1171)	(0.3915)	(0.2789)
国外投资存量	134.32	-0.21**	-1.58*	-0.18**	-0.18**
（fdisto）	(0.8899)	(0.0166)	(0.0540)	(0.0387)	(0.0379)
市场规模					
（gdp）					
基础设施					
（phone $_{-1}$）					
投资保护协定	-4843.39**				0.37**
（fdipro）	(0.0249)				(0.0445)
避免双重征税	-4272.84**				0.18
协定（taxrem）	(0.0268)				(0.2851)
调整后的 R^2	0.4071	0.1128	0.4298	0.5814	0.1834
F 统计量	5.0635***	1.908***	5.1754***	5.5399***	2.5215***

3. 中国投资非洲动因的讨论

从回归结果可以看出,中国投资非洲是属于市场寻求型和资源寻求型的投资。不过在处于转型期和未转型的国家里面,中国倾向于投资政治风险较大且开放性程度较高的国家;在矿产资源丰富的国家里面,中国倾向于投资政治风险较大且国外投资不多的国家。这与西方国家的投资选择不同,也与传统的直接投资理论有冲突,这是由中国和非洲的实际决定的。中国投资非洲与西方发达国家相比具有几个优势:一是中国投资企业的主体还是国有企业,尤其是一些大投资的项目。国有企业在保障国家能源安全和粮食安全方面负有应有的责任,国家对国有企业也有必要的引导和支持,这也形成了中国企业对外投资的国家特定优势(裴长洪等,2010)①。所以中国企业风险意识没有西方企业强。不过对中国投资非洲来说,因为中国企业的国家竞争力不强,风险大的地方也意味着发展的机会,中国有句俗话叫"富贵险中求"。二是中国的人力成本低。由于非洲国家工人的技能水平不够,中国企业往往需要相当数量的中国工人,这对于西方国家的公司会是沉重的成本负担。三是由于非洲国家市场极其不完善,产业链不完整,要使一个公司在非洲很好地运营,往往需要产业链上的其他公司共同运营。比如在莫桑比克投资的 A 公司,A 公司在国内只是做大米的加工和仓储,但是莫桑比克的大米市场不完善,依靠市场是收不到大米的,市场失灵只能依靠扩张企业的边界来克服。所以我们看到 A 公司引入了大米种植企业、基建企业,还有建材企业,将来或许还会引进专业的销售企业,形成了产业一条龙,仅中国工人就有 500人到 600 人。相对于西方企业,引入整条产业链上的企业共同运营对于中国企业会更容易一些。

　　中国的投资是资源寻求型的,所以中国的大部分投资投向了石油等矿产资源丰富的国家(石油出口型经济)。与投资于矿产资源不同,农业投资有三个特殊性。一是非洲农业资源丰富的国家主要是处于转型期经济和未转型经济的国家;二是非洲国家允许矿产资源出口回国,从矿产资源出口中积累外汇,而非洲国家出于粮食安全的考虑,农产品一般不允许出口回国;三是农业投资的周期更长,收益回收的时间长。回归结果表明,在处于转型期和未转型的国家中,中国倾向于投资政治风险较大且经济开放程度较高的国家。经济开发程度高说明农业投资企业更加注重非洲国家的农产品市场,这与前面分析的经济风险相吻合。政治风险较大是中国投资面临的共同问题,由于农业投资的周期长,如何规避政治风险更是农业投资企业所面临的挑战。

　　中国农业投资是资源寻求型的,世界上未开发的土地有 60% 在非

---

① 裴长洪、樊瑛:《中国企业对外直接投资的国家特定优势》,载《中国工业经济》2010 年第 7 期。

洲,回归结果也表明,非洲国家的未开垦的农业用地数量对吸引中国的投资有显著的正向作用。因为非洲国家农民的购买力普遍比较低,大的农产品市场还没有培育出来,市场寻求型的农业投资主要限于私营企业小规模的投资。

同时,中国投资非洲也给非洲带来了实实在在的好处(李智彪,2010)①。一是中国对石油等矿产资源的需求保持和促进了石油等资源的价格上涨,通过贸易积累的财富,可以为他们提供经济建设、产业升级的资金。二是中国的投资企业通过雇佣当地的工人,解决了非洲当地人的就业,培训了当地工人的技能水平。三是中国在资源贸易的同时,积极地投入非洲当地的基础设施建设,出于数据的完整性,本书只是考虑了代表基础设施的电话线路数量,中国对非洲基础设施的投资领域包括交通、能源、电信、卫生等各领域,投资和资助额度从 2005 年超过了世界银行(world bank,2008,p. 17)②。四是中国的投资也带来了非洲国家市场体系的建设。比如中国石油公司对苏丹的石油勘探、开采、冶炼、加工、管道运输、成品油储存销售领域进行了上下游一体化投资建设,在不到 10 年里,帮助建立了完整的石油工业体系(姚桂梅,2009)③。中国诸多行业的进入也使得非洲国家的产业体系更加完整。

虽然与中国的经济合作给非洲带来了发展的机会,中国也立足于与非洲建立长久的经济合作关系,不过正如 Van der Lugt(2011,p. 11)④所说,国外投资对非洲的发展的效果还主要取决于非洲国家对国外投资有效管理的能力。不过非洲发展前景看好,与世界的互联互通、交流和合作都会给非洲自身发展带来不断的动力。

---

① 李智彪:《对中国企业投资非洲的实证分析与思考——以埃塞俄比亚中资企业为研究案例》,载《西亚非洲》2010 年第 5 期。
② World Bank. Building bridges:China's growing role as infrastructure financier for sub – Saharan Africa. World Bank annual reports,2008.
③ 姚桂梅:《中国在非洲直接投资的总体评估》,载《西亚非洲》2009 年第 7 期。
④ Van der Lugt S,Hamblin V,Burgess M,Schickerling E. Assessing China's Role in Foreign Direct Investment in Southern Africa. Center for Chinese studies,2011.

　　有人批评说中国人到非洲就是为了掠夺非洲的资源。这种掠夺资源说是不合道理的,中国虽然投资于非洲资源丰富的国家,也从与非洲的资源交易中获益,不过投资非洲的资源是由非洲的比较优势决定的,资源交易对双方都是有益的;掠夺资源说也是狭隘的,非洲国家的经济已开始展现发展的潜力,不过非洲国家普遍缺少技术积累,而中国可以提供非洲所需要的实用技术,中国应该也能够融入非洲经济发展的各个阶段和各个方面。赞比亚学者莫约(2010,p.70)在其著作《援助的死亡》中就称"中国人是我们的朋友"。

　　随着中国企业投资非洲,越来越多的中国工人进入非洲。这些工人需要克服非洲疾病的困扰、气候和饮食习惯的不适应,需要面对非洲物质的匮乏、业余生活的枯燥和深切的思乡之痛,向这些奋战在非洲的中国建设者们致以最崇高的敬意。

三、案例分析:A 公司集团在莫桑比克的农业投资

(一)莫桑比克的背景介绍

　　莫桑比克是葡萄牙殖民地,经过艰苦的反抗殖民地斗争,在 1975 年6 月正式独立,不过自 1977 年起,反对党与政府进行了长达 15 年的内战,到 1992 年政府与反对党签订和平协议,结束内战。由于长时期的内战,莫桑比克地广人稀,产业缺失严重,基础工业基本空白,大量商品依靠进口,百废待兴。莫桑比克政府为了吸引国际投资,对国外投资从投资保障和税收减免等方面实施优惠政策。莫桑比克农业资源异常丰富,可耕地 3500 万公顷,人均耕地面积 20 多亩,而利用率不足 10%,土地价格低廉,气候温和,充沛的阳光和稳定的气候适合多种农作物生产。莫桑比克位于非洲东南部,拥有狭长的海岸线,内陆从北到南依次濒临坦桑尼亚、马拉维、赞比亚、津巴布韦、南非和斯威士兰等国家,交通便利。首都马普托是莫桑比克最大的城市,是非洲最大的港口之一。马普托港年吞吐能

力为 1200 万吨,港内有铁路通往南非、津巴布韦和斯威士兰。现代化的国际机场有 2 个,国际航线通往葡萄牙、津巴布韦和南非等国家。便利的交通加强了莫桑比克与其他国家的人员和商品交流,使得莫桑比克的农产品市场消纳能力较强。

中莫两国从莫桑比克独立之日就建立了大使级外交关系。两国建交后,双边经贸合作发展迅速,中国为莫桑比克援建了多个成套项目、技术合作项目和经济开发区。中莫两国签有贸易协定和投资保护协定。至 2009 年中国成为了莫桑比克第二大投资国,中国在莫桑比克农业、林业和公共工程领域共有 69 个重要投资项目。在投资的带动下,中莫两国的贸易额增长迅速。2012 年中莫贸易额达到了 9.88 亿美元。

(二) A 公司集团的农业投资

1. 历史发展

A 公司是湖北省襄阳市主要从事粮食、油料采购、加工、销售和农业科技开发服务、农林作物种植等经营活动的企业,是农业产业化国家重点龙头企业。在 A 公司去莫桑比克投资之前,湖北省与莫桑比克加扎省的农业合作已经有了非常好的基础。

2005 年 9 月,时任湖北省委书记俞正声率代表团访问莫桑比克,与莫桑比克高层就发展双边农业合作达成共识。2007 年 4 月,根据湖北与加扎省际合作协议,湖北省农垦局在莫桑比克加扎省赛赛市圈定土地 5000 亩,创办了"湖北—加扎友谊农场",规划面积 20 万亩。湖北农垦 19 家农场共同出资 1000 多万元,注册成立湖北省联丰海外农业开发有限公司。2008 年,湖北省和莫桑比克加扎省正式签订友好省份协议书。2008 年,友谊农场试种水稻 40 亩,2009 年扩大到 400 亩,收获稻谷 25 万公斤,平均亩产 600 多公斤,2010 年扩大到 600 亩。2011 年,农场全面完成第一期 5000 亩水稻种植目标,同时带动当地农场主和农民种植水稻 10000 多亩。

在我国首批对非援建的农业技术示范中心中,由湖北农垦承建莫桑比克的农业技术示范中心。2007 年 2 月,国家主席胡锦涛出访莫桑比克时,为农业技术示范中心揭牌。项目于 2009 年 7 月开工,2010 年 11 月通过商务部组织的竣工验收,2011 年 7 月正式向莫方移交。湖北省农垦局联丰公司在示范中心的基础建设、运营管理方案、农业技术的试验示范、农业技术的培训等方面都做了扎实的工作,取得了阶段性成绩。2013 年通过商务部和农业部综合测评,中莫农业技术示范中心在所有 15 座示范中心中排名第一。

2009 年 5 月,湖北省联丰海外农业开发公司与国营周矶农场签约,双方共同投资 200 万元,在莫桑比克马普托市兴建联丰建材公司。8 月,他们成功试制出第一批水泥砖投放市场,每块砖利润 1 元,年生产能力达300 万块。联丰建材公司的建成和运营对保证示范中心的建设进度,保证后面的 A 公司的基建进度都起到了重要的作用。

有了这些历史基础,A 公司投资莫桑比克加扎省的林波波河流域土地的进展非常快速和顺利。

2011 年 6 月,通过国家开发银行湖北省分行的牵线搭桥,湖北省农垦局与 A 公司签订协议,由 A 公司收购湖北农垦联丰公司的加扎友谊农场,进行农业综合开发。到 2012 年 4 月,公司对莫桑比克友谊农场已累计投资人民币 8000 余万元,投入人力 200 余人(其中国内选派 80 余人),除完成 5000 亩示范样板农田的开发建设外,另启动了新的厂部基地(规划面积 300 亩)建设。2013 年年初,湖北农垦与襄阳 A 公司签署农业合作框架协议,约定在莫桑比克合作开办 5 万亩的现代化标准农场,主要以种植水稻为主。该项目由湖北农垦运粮湖农场具体承担。公司 2013 年将把农场种植面积扩大到 10 万亩,同时还将建设一条日加工 300 吨的大米生产线、一座 5 万吨标准化粮食储存仓库及配套的物流设施。2013 年9 月,襄阳 A 公司与中非发展基金签订协议,合作投资开发 A 公司非洲莫桑农业项目。项目总投资 1.97 亿美元,其中由中非发展基金与 A 公司共同投资 1.18 亿美元,申请国开行贷款 7900 万美元,计划在莫桑比克共和国新建 30 万亩粮食种植基地,并建设集加工和仓储为一体的农业园项目。

A公司有限公司抓住了国家推动农业企业"走出去"的契机,利用了中非政府间的合作协议基础,集合了政府、银行、投资基金和企业的资源,代表了中国农业企业"走出去"的发展趋势,是中国对非洲农业投资研究的典型案例。以下就A公司在莫桑比克投资的经营模式、存在的问题和风险以及未来的发展战略进行分析论述。

2. 经营模式

(1)全产业链控制

加扎省赛赛地区并不是传统的水稻主产区,但拥有丰富的、优越的土地资源条件,在前期的品种试验阶段,常规水稻已经取得了良好的产量表现,显然,在稻米的生产源头供应上已经具有技术上的保障。A公司对大米生产的产业链实施了全面的掌握,包括土地开垦、农田水利基础设施建设、水稻品种种植、收购加工、仓储与销售。首先,这顺应了当地稻米生产产业成熟度不足的现状。莫桑比克的农业生产技术还较为落后,生产效率不足,加之水利基础设施投入要求大,农户缺乏生产积极性,多以自给自足的种植为主,在当地还没有形成成熟的产业链,缺乏水稻收购与加工企业。在这种情况下,A公司只有顺势打造自己的全产业链才能有持续发展,有效解决生产供应不足的问题与风险。其次,对全产业链的控制为A公司创造出较为有利的利润空间。引入中国的水稻种植品种与技术将使水稻产量大幅度提高,生产效率高则单位成本低,在同等市场上有能力获得较大的利润,这有利于提高生产积极性并利用资金快速扩大生产规模,迅速占领市场主导地位。

(2)外包与合作

A公司虽然力图打造一个稻米生产的全产业链,但单凭一己之力难以实现这一发展思路,必须依靠中国其他企业单位的力量共谋发展,尤其在种植环节,A公司传统的优势并不在此,需要寻求与其他中国农场企业单位的合作。A公司作为平台,引进了若干农场企业,为其提供土地以及基础设施建设等,同时按照入驻企业的要求提供作业机械以及工作签证等服务,所发生的成本将在每季水稻收购时实行逐步分摊。水稻价格按照协议价收购,同时也参照了莫桑比克当地的收购价格,在保证产量的情况下,入驻农场企业也有一定的盈利空间。最终,A公司利用定价收购获得充足的稻谷供应,通过加工和销售获得主要的利润。

在此过程中,A公司充分发挥了先入优势、资金优势以及加工传统优势,非优势环节实行外包与合作,取长补短,在多方共赢的基础上实现稻米加工的全产业链控制,引入农业企业种植生产,自负经营,对农场企业提供农业机械服务和生产资料,赚取适当利润,对农场企业稻谷进行全部收购,主要利润在大米的市场销售以及未来大规模粮食存储服务环节。

3. 存在的问题与风险

机遇与风险并存,A公司已经迈出了坚实的一步,抓住了投资的大好机遇,初现的发展模式与思路在一定程度上对风险也进行了控制,但仍然有以下潜在的风险值得注意。

（1）疾病的威胁

莫桑比克是疟疾的高发区,死亡率有0.5%,尤其在水稻种植季节,恰恰是蚊虫较多的时间,势必对从事作业的工人构成较大威胁。截至目前,A公司及其合作企业已经有一名中国员工死于疟疾。由于疾病风险、远离亲人和缺乏社会交往,在莫桑比克的中国工人的成本相对较高。随着国内经济的进一步发展,中国工人的成本会越来越高,A公司在未来的发展中必须走本地化战略。同时,采取一定措施尽量保证相对安全卫生的工人的工作、生活环境,把工人的生命安全放在第一位。

（2）潜在竞争者

随着A公司的进入,林波波河流域或者莫桑比克的其他地区,也会进入其他水稻种植和加工的企业。这些都是A公司的潜在竞争者,主要是来自西方和印巴等国的农业企业。

第一,西方农业企业的进入。在A公司之前,在林波波河流域已经有了意大利农场。西方农场虽然具有规模农业开发和管理的经验,不过有两个方面使得它不具有与A公司竞争的能力。一是他们并不擅长水稻种植。西方农场适合资本密集型的农业种植,像大豆、玉米、小麦等,而水稻种植所需要的细致的种植技术是西方农场所不具备的。二是西方工人的高成本。像中国公司这样几百人到莫桑比克进行开发建设对于西方国家来说基本上是不可能的。西方工人在莫桑比克的工资比中国工人的要高几倍,而且需要好的生活设施和较高的生活条件。三是印巴农业企业的进入。印巴人的非洲战略与中国不同,中国是在政府"走出去"战略的指导下,以国有企业为主地进入非洲,所从事的多是资源开采的部门。而印巴人进入非洲的多以私有企业为主,多以制造业为主,资本实力较弱。与中国的企业相比印巴人的企业更团结,风险规避的意识更强。所以虽然印巴人有水稻种植经验和技术,不过也难以像 A 公司一样进行如此大规模的农业开发。

尽管目前这些农业企业还不能构成对 A 公司的竞争威胁,但必须注意在长期发展上,随着当地农民农业技术水平的提高(这是必然趋势,A 公司无法控制),作物产量的攀升,各地企业必然会看到机遇,进入种植、生产和加工领域,从市场中分得一杯羹,由竞争引发的价格下降必然伤害到 A 公司的利益。A 公司须提前做好规划,发展自己的核心优势,注重技术改进与研发投入,注重企业理念与品牌附加值建设。

(3)市场渠道以及政策环境

A 公司的利润要通过出售自己的产品来实现,A 公司的大米一旦进入市场,势必会对原有的市场利益格局造成冲击。莫桑比克每年消费的大米量在 60 多万吨,国内生产的有 20 多万吨,每年进口的量在 40 万吨左右。短期内假设莫桑比克人的消费水平不会发生太大变化的情况下,A 公司大量的大米上市,会有几种情况出现。第一,短期内,A 公司的大米和其他加工厂的大米以及进口的大米进行市场的竞争,会使得市场的大米的价格整体上有下降的趋势。第二,长期内,由于大米的价格下降,原有的加工厂的利润下降,从进口大米的生意中获益的莫桑比克政府和相关企业的利益会受到冲击。目前莫桑比克进口大米中有相当的部分来自于援助,因此,莫桑比克在国际市场上获得大米的成本相对低。通过国家进口,预计莫桑比克政府在本国市场上以较高价格进行销售流通,就会产生相当大的利润。为了保持原有的利益,莫桑比克政府对 A 公司的大米进入市场可能进行限制。另一方面,当 A 公司成为了莫桑比克最大的大米来源地之后,虽然解决了莫桑比克的粮食安全,但这掌握在一家外国公司手里,也会使得莫桑比克政府不安。所以有理由担心莫桑比克政府会在 A 公司大米的销售价格或者销售方式上进行干预或者直接从销售收入中分取利润。

A 公司的大米质量高,在市场中有很高的竞争力,原有的经销商也会非常欢迎中国的大米。所以 A 公司除建立自己的经销网络之外,还要充分利用已有的经销网络,尤其是印巴人的大米经销网络,与他们开展合作。印巴人在非洲的时间比中国早,也比较团结,掌握了不少莫桑比克关键领域的业务。A 公司在与莫桑比克政府进行博弈的过程中,可以考虑争取印巴人的支持与合作,尽量争取对自己有利的政策环境。

4. 长远发展的战略方向

(1)本地化战略

①劳动用工的本地化

中国的水稻种植技术水平相对于其他国家来说,在莫桑比克具有更好的实用性和可推广性。农业基础设施注重建设实用的农田灌溉系统,灌溉成本低,生产过程注重农业现代化机械与劳动力之间的平衡,不过度依赖先进的农业机械和技术,这与当地的经济发展水平是相适应的。莫桑比克尚处在经济发展的初期,工业还未萌芽,就业机会少,劳动力成本低,A 公司应抓住这一时期的成本优势,克服语言障碍,加快培养和发展当地的农民种植能手为 A 公司服务,这是 A 公司走长期发展道路的必然选择,同时也符合莫方政府的政治利益,提供就业机会,繁荣第一产业,并为当地的农业发展提供可持续的力量。

不必畏惧用工本地化可能会带来的竞争威胁,原因有三:第一,莫桑比克的农耕文化还缺少足够积淀,而且农业受自然条件的约束,具有一定的灵活性,在短期内他们还很难掌握整套种植技术,这恰恰是进一步发展的阻力而不应是担忧；第二，作为企业单位，A公司应该充分了解并抓住自身的核心优势。实质上，A公司的优势并不在于种植环节，在发展的中后期A公司的优势将逐步显现，其优势将在供应链管理、大米市场份额以及A公司品牌附加值的建设上，A公司只需要抓住盈利的核心环节，在其他环节因势利导地实施本土化战略，充分为我所用，这是应对未来、实现长期发展的要求。第三，随着莫桑本土农业的发展，国民教育程度的提升，农业基础设施的逐步完善，内部竞争的加剧以及其他外来农业企业的进入，本地农业技术水平必然取得显著提高。A公司的发展迟早会面对这一局面，不如变被动为主动，争取利用优势地位，将中国先进的种植技术结合莫桑比克当地条件进行科学发展和总结，放开种植技术的培训，实现长期共赢的模式。

A公司在莫桑比克的投资大，在实施本地化战略过程中，招聘的当地工人数量会越来越多，必须注重劳资双方关系的不断规范。可以预见，A公司面临的如何处理与当地工人关系的事务会不断增多，须根据地方法律做好充分准备。

②产品品种的本地化

莫桑比克的大米市场存在大量缺口，每年约有2/3依靠进口。A公司在莫桑比克的投资肯定是首先瞄准了巨大的当地市场，要满足当地的市场需求必须注重稻米品种的本地化。由于文化差异的存在，莫桑比克当地对稻米的口感需求必然与中国人有所不同，A公司要想抓住本地市场，必须对当地居民的口感需求做充分调研，杜绝盲目地引进中国的优质水稻品种。根据对首都马普托华安超市及周边大米批发市场的了解，莫桑比克当地人需要相对较硬口感的大米，这与中国国内市场的需求有较大差异。在莫桑比克投资的中国企业必须重视当地民众的需求，充分与市场接轨，在品种选择和种植等源头环节就做好前期准备。

（2）建立长远理念，抓住未来市场变化

对于企业所应对的市场环境，唯一不变的就是变，市场上的表现最终决定了企业的生死存亡。尽管目前A公司的市场形势良好，但如此大规模的投资绝不可能是短期行为,尤其是农业产业发展的长期性特点。在不断发展过程中,A公司只有做好充分准备应对未来变化的市场格局,以更加长远的眼光抓住市场机遇,在预见未来竞争加剧的环境下,提前拓展国际市场渠道。

A公司在逐步占领市场份额的同时,花力气塑造A公司的国际品牌形象,充分利用市场营销的手段,发展出"在全球范围内为消费者提供品质大米"的长远理念,而不仅仅是粮食的生产加工者,凭借一个良好的理念,A公司可以扩展产品的附加价值,将对产品的认知植入人们的生活,实现生产本地化和市场国际化。

此外,要迎接国际范围的挑战,随着农业技术水平的差距缩小,A公司必须打造自身的核心软实力,除了品牌附加值的建设,在产业链的管理上要逐步建立软优势,重视供应链各环节的优化管理,应对未来变化的市场环境,实现各环节的灵活应对,在成本控制方面超越其他竞争对手。

(3)重视技术改进与研发

A公司在长期发展过程中,须重视技术的改进,循序渐进地考虑加大对研发的适当投入。A公司将面临变化的农业生产条件以及外部竞争,虽然研发部门是发生成本的部门,但长期来讲,技术研发的投入将为A公司应对变化做好准备,尤其是如此大规模的作物种植,损一毫,失千里。

第一,借鉴国际先进方法以最低成本积极应对鸟害,建立尚未预见的病虫害处理应急方案。水稻作为新品种被引入莫桑比克,经过测试目前表现良好,但并不意味着将来还是如此。随着持续种植,土壤肥力的减弱,生态环境的逐步变化,水稻种植将面临诸多可能的困难,化肥、农药的投入量势必会逐渐增加,适当的研发投入,增强抵御病虫害的能力,只要A公司坚持走全产业链模式,就必须持续为合作农场提供技术服务,如此才能实现共赢,否则一损俱损。

第二,A公司目前推行的水直播水稻种植,还存在改进的空间。对当地农业条件和气候环境的认识还需要在实践中不断摸索,结合这些认识,逐步改进种植技术,不断地提高生产效率,实现高品质、高产量,平衡未来即将增加的农资成本,为合作各方赢得利润空间,否则 A 公司以及各合作单位的利润将被压缩。

第三,品种的培育和改进,注重与国内科研院所的试验合作。A 公司适度地为科研院所提供试验平台,鼓励与他们的科研项目结合,达成有益成果的共享,消减 A 公司自主研发的成本开支,应对变化的农业生态条件。

(4)注重企业的社会责任、政治影响

追逐利润是企业的天性,是企业生存之本。走出国门的 A 公司,作为巨额投资的大型企业,必然承担一定的社会责任。在自身盈利的基础上,A 公司需要不断提升企业形象,以人为本,有责任在农业开发中保护当地的生态环境,开展免费性质的简单农业技术培训,进行基础设施建设,为当地农村援建学校,扩大 A 公司在当地的辐射影响,与当地的氏族部落及当地政府建立良好的合作关系,并作为中国在非洲政治影响的纽带,展示中国企业形象,从而赢得更多的政府支持。这并不悖于 A 公司追求利润的宗旨,反而建立了更加坚实的基础。

通过以上对 A 公司模式的分析,可以得到几个简单的结论。一是前期合作基础的重要性,湖北省与加扎省友好省份的建立为合作奠定了互信基础;农业技术示范中心和前期的友谊农业为公司提供了必要的技术支持,技术囊括水稻种植整个生长期的技术。二是全产业链模式的必要性,A 公司在国内主营水稻加工和销售,并不经营水稻种植,不过莫桑比克市场不完善,农业体系不健全,依靠市场是无法收购到足够的粮食。所以企业实行了全产业链管理,包括土地平整,水利设施建设,田间道路建设,农业基地建设,水稻种子供给,水稻播种、田间管理、收获、运输、存储和销售。这是结合莫桑比克国家实际情况最有效的方式,不过这也需要大量资金和人力的支持,在建设时期仅中国员工就有 500 人到 600 人,雇佣的本地员工 1500 多人。三是预期的高利润中往往有隐藏的风险。中国产出的大米质量好,在莫桑比克的市场上价格在每公斤 7 块到 8 块钱,是国内价格的两倍多。莫桑比克的大米每年需进口 3 亿—4 亿斤,A 公司的大米生产能满足莫桑比克大米进口的需要,利润可观。这也是 A 公司集团、中非基金和国家开发银行集体投资的原因。不过据了解,莫桑比克大米进口也已形成了固定的垄断产业,从事的企业利润高昂与政府也有千丝万缕的联系,这样 A 公司的大米生产和进口企业的大米形成了市场竞争关系。今后 A 公司大米的销售可能会遇到来自原来利益集团的阻碍。不过另一方面,这也为 A 公司争取生产的大米出口回国提供了机会[①]。

四、中国对非洲农业直接投资的建议

通过以上三节的分析,可以得到一些简单的结论:一是中国对非洲的农业投资是以资源寻求型为主,中国对非洲的农业投资集中在非洲农业资源丰富的国家;二是中国的农业投资以种植业为主,还没有形成各个行业协调发展的局面;三是中国对非洲的农业投资倾向于投资国外投资不多的国家,国际竞争不大,不过这些国家也往往基础设施较差,刚开始民众对中国的投资持欢迎的态度,不过也要关注和防止"民粹主义"。农业投资由于投资周期长,收效慢,更容易受到汇率等宏观投资环境的影响;四是中国对非洲的农业投资也处于开始阶段,是在原来援助的基础上发展起来的,像 A 公司模式的投资还不多见。随着中国不断深入的改革开放,在"两个市场,两个资源"战略的推动下,中国农业的对外投资会占有越来越重要的地位,中国对非洲的农业投资也会更多地涌现出像 A 公司一样规模的企业,农业投资全方位、多层次地展开。结合前三节的分析,本节就中国对非农业投资企业的信息收集和风险规避、投资模式的选择、当地员工的管理、农产品市场的开拓和加强国际交流和合作等方面提出建议。

---

① 朱月季博士对本节案例的内容也有重要的贡献。

(一)信息收集和风险规避

中国对非投资企业的投资战略的形成,投资地和投资领域的选择以及投资风险的规避都需要企业对东道国的信息的搜集。企业应充分利用当下的资源,从一切可能的渠道获取投资信息。目前的信息渠道主要有商务部遍布全球的外交商务资源、农业技术示范中心和中国已经在国外投资的企业。企业要利用好农业技术示范中心这个平台,通过与示范中心的交流合作到拟投资国进行考察,进行农业技术的实验,为后期的投资做好技术准备。在企业管理方面要树立"走出去"的发展战略,安排专门的部门进行投资信息的搜集和处理,在投资之前进行充分的准备,一是对东道国与对外直接投资相关的体制和法律体系、东道国政治环境的稳定性、政策的一致性,以及涉及的利益团体可能做出的反应等进行透彻的研究;二是尽量熟悉东道国的社会、风俗、文化,了解当地民众对待中国投资的态度;三是做好精通国际投资管理的人才培训和储备;四是对中国农业投资对当地环境的改变做好事前评估并提前做好防范和保护措施。

即使做到了万全的准备,也有可能会发生各种风险,所以必要的风险规避机制必不可少。提前预防风险的措施主要有选择中国与东道国政府签订投资保护协定的国家,企业与东道国政府谈判和签订各种保护协议和合同以及购买风险基金。风险发生之后,企业要充分利用非法律手段和法律手段解决投资争端。非法律手段包括协商、调解和外交保护等,法律手段主要包括诉讼和仲裁。不同的争议解决方式的公正性、效率、成本以及可执行程度皆存在差异。企业应当充分了解各种解决争端方式的程序、时间、费用和利弊,根据具体情况选择最为快捷、高效和低成本的争端解决方案。从第二节的回归中发现,中国对外投资企业的风险意识不强,中国对非农业投资企业一定要对信息收集和风险规避给予足够的重视。

(二)投资模式的选择

在中国农业企业着重投资的非洲国家,农业是其支柱产业,并且农业的传统文化和生活习惯密切相关。所以中国农业企业需要审慎选择投资模式。投资模式选择的目标是投资项目要兼顾效益性和与当地文化和民众生活的融合性。具体包含的内容涉及土地的获得方式、投资企业的性质和企业与当地民众的互动等方面。主要的土地获得方式有购买、协议无偿划拨和租赁。其中,购买当地土地最为敏感,并且由于非洲国家的政策缺乏连续性,潜在风险大;协议无偿划拨要经过艰苦谈判;比较而言还是租赁或股份制合作比较适宜。投资企业实行双方合资合作比较合适,合资合作考虑了中非双方农业的互补性,中国的农业技术和农场管理经验与非洲国家的农业资源具有互补性,两者互利共赢,共担风险,增加互信,规模从小到大逐步发展。中国投资企业要融入当地社会,承担社会责任,构建和谐"社区"。比如在附近修筑道路、桥梁、水利工程等基础设施,建立相应的学校、医院,解决当地就业问题,帮助他们致富。让当地社会和人民亲身感到中非农业合作带来的实实在在的好处,防止其出现对中国投资的反感情绪,另一方面也有力地反击西方"新殖民主义"的指责。

(三)当地员工的管理

中非农业合作的阻碍不仅在于中非农业技术水平的差异,也在于中非双方间农业文化的差异。中非间农业文化的差异在中方员工对非洲当地员工的管理中得以最直接地表现出来,经常出现中非员工间的冲突。非洲国家四季如春的气候,当地农工养成了长期缓慢的生活节奏,对经济收入的追求不强烈,再加上战乱和疾病,没有长远打算。不像中国农民那样希望依靠农业致富,除了自己外还要为下一代积累财富。当地农工喜欢边娱乐,边聊天,边工作,特别喜欢音乐、跳舞,不像中国员工那样工作时间非常专注。当地工人没有从事社会化大生产的经历,劳动纪律的培养靠团队的工作氛围和带队人的训练。由于中国文化固有的封闭性和等级,对外开放时间不长,再加上中国工人与当地员工之间语言交流的障碍,中国管理者对当地工人有鄙视、厌恶态度。一些在非洲的中国工人,存在着或多或少的优越感,认为当地工人愚笨,表现出一定的种族歧视倾向。中国农耕文明代表着勤恳、执着、吃苦耐劳,现代工商业文明代表着管理、科技与理性。非洲的粗放文化接纳来自农耕文明和工业文明的技术存在一定的障碍。

中国农业企业的投资需要雇佣当地的工人,双方文化的不融合会影响工人的工作效率,也为企业的长期发展带来隐患。所以中国农业企业一定要加强双方员工间的文化交流。一方面对中国员工进行当地历史文化和语言教育,熟悉和理解当地工人的价值观念、思维方式和行为模式,并对中国员工的行为进行规范,制定可执行的奖惩细则;另一方面,也要对当地工人进行中国文化教育,让当地工人不断了解和理解中国的农耕文化、中国工人的价值观念、思维方式和行为模式以及中国农业企业的管理模式等。通过加强双方员工的沟通,让双方对对方的行为建立起正确的预期,逐渐建立和形成相互尊重、和谐共处的氛围。

(四)农产品市场的开拓

随着经济全球化的深入发展,非洲国家政局总体趋于稳定,非洲经济也展现了积极发展的态势。中国与非洲国家双边和多边经贸关系的发展,中非国家间政治互信在不断增强,中国投资非洲的政治风险不断减弱。中国农业投资企业在防范政治风险的同时,经济风险逐渐成为了阻碍中国农业企业投资非洲的重要障碍。其中主要是非洲国家农产品市场狭小,中国企业的投资收益难以得到保障。

非洲国家大多数人口在农村,而农村人生活贫困,购买力低下,农产品市场相对狭小;非洲国家对主要农产品的销售进行管制;非洲国家的大农场主受到非洲国家的补贴和政策优惠;西方国家在非洲各国也建立了不少大农场;非洲国家出于粮食安全的考虑,禁止中国农业企业的产品(尤其是粮食产品)出口;非洲农民传统的消费习惯中的谷物和蔬菜的种类非常有限,中国的很多谷物和蔬菜不符合当地人的消费习惯。这些因素使得中国农业企业在非洲面临的市场非常有限。即使有些中国农业投资企业的农产品可以出口,也面临国际农产品价格剧烈变化的冲击。

为了开拓农产品市场,中国的农业投资企业主要瞄准了投资国当地市场需要。比如在赞比亚中国农场的产品主要是销售给当地人,增加了当地农产品的供应,提高了当地居民的福利水平,不过由于市场有限,中国农场机械化程度有限,也难以进行大规模的投资开发。另一方面,中国企业的农产品在一定程度上和当地的农产品存在着产品销售上的竞争,容易引起当地农业从业者的不满甚至怨恨。比如在莫桑比克投资的 A 公司集团,所生产的大米投入市场之后,与本国的大米进口企业势必进行激烈的市场竞争,后续情况还有待观察。

所以农产品市场狭小会成为制约中国农业企业发展壮大的重要因素,中国农业企业与东道国农业企业的竞争需要东道国国内良好的市场竞争环境。为了避免与东道国农业企业的竞争,中国投资企业可以向东道国积极争取农产品出口的机会,既可以出口到非洲其他国家,也可以出口到欧美市场或者出口回国,不过这中间会经历艰苦的努力,考虑到非洲国家间高企的关税税率和非洲国家政府的腐败,中国农业投资企业需要让渡一部分利益给东道国政府。

(五) 加强国际交流和合作

企业跨国投资需要掌握国际政治经济发展趋势,需要关注国家不断出台的各种政策,需要关注投资国国家政治、经济、法律和各种政策的变化,并需要在企业内部进行适应性调整,这对从事农业投资和生产的企业都会是不小的负担,所以加强与其他国际组织、国际机构的交流和合作就显得非常必要。比如可以积极参与和争取国际组织资助的各类项目,与母国和东道国监管政策制定者保持紧密联系和沟通,加强与中国其他非洲投资企业的信息共享,加强和非政府组织、各种中介服务组织的交流和合作,保证企业及时接受新信息,不断跟踪、研究、掌握和预测国内和国际的各种监管制度和规定,使企业决策和经营领先于监管政策的变化,保持前瞻性,化被动为主动,减少未来适应的成本。

总之,与国内投资经营相比,海外投资本身就面临着一系列独特的风险,同时还面临着跨国、跨文化整合与运作的困难。中国在非洲的农业投资企业要根据自身和东道国的特点,加强信息收集和风险规避,和东道国政府和当地民众保持良好的沟通和和谐关系,稳步推进中国在非洲农业开发的顺利展开和不断发展壮大。

五、本章小结

中国对非洲的农业投资开始于中国企业投资以前援建的农场,不过进展缓慢。21 世纪之后,中国对外战略的转变和非洲在世界经济中重要性的提升,再加上非洲经济的发展,中国加快了对非洲的直接投资。中国核准的在非洲投资的农业企业逐年增加,尤其是 2012 年之后增加迅速。中国农业企业以种植业为主,主要分布在赞比亚等与中国传统友好的农业国家。在按经济类型对非洲国家进行分类后,中国的农业投资企业主要分布在转型期和未转型的国家,这些国家的农业资源丰富,这预示着中国的农业投资是资源寻求型的。中国投资非洲农业发展的同时,中国的农业企业也面临着政治风险、经济风险、自然风险和社会风险等各种风险。

对中国对非洲国家投资额的国别分布和动因分析发现,中国对非洲的投资是属于市场寻求型和资源寻求型的,中国的投资主要集中在石油等矿产资源丰富的国家,集中度较高。中国倾向于投资国际竞争不大,政治风险较高的国家,投资保护协定对中国投资额的流入有负向的作用。对中国农业投资企业数量的回归发现,中国倾向于在国际竞争不大,与东道国货币相比人民币相对价值高的国家开设农业企业,投资保护协定对于开设农业企业有正向的促进作用。由于农业与其他行业的特殊性,中国的农业投资与其他领域的投资也展现出了不同的投资影响因素。

湖北襄阳 A 公司集团抓住农业企业“走出去”的机遇,基于湖北省与莫桑比克加扎省农业合作的基础,借助国家开发银行和中非发展基金,在加扎省的林波波河流域租赁了 30 万亩土地进行农业开发,目前开发项目建设已初具规模。A 公司根据莫桑比克的市场条件,形成了自己的经营模式,引入了中国的种植企业,形成了水稻生产的整条产业链,并依托 30 万亩土地对当地农户进行农业技术的辐射,预计辐射面积 150 万亩,与当地农户实行"公司加农户"的合作模式。不过高利润往往存在高风险,A 公司需要注意隐藏的市场风险和在当地长远发展的规划。

　　中国的农业投资对提高非洲国家的农业生产技术水平,提高非洲国家的粮食供给能力,增加当地农民的就业机会做出了重要的贡献,对当地农户进行的农业技术培训也展示了良好的效果。中国农业投资对于增进中非双方民间相互的文化交流和相互的了解提供了直接的平台,影响深远。中国对非洲的农业投资会成为中非农业合作越来越重要的形式,农业投资的规模也会迅速增加。基于中国农业企业对非洲投资的重要性,根据前面分析的农业企业所面临的风险和经营上的困难,本章第四节分别从信息收集和风险规避、投资模式的选择、当地员工的管理、农产品市场的开拓和加强国际交流和合作等方面提出了建议。

第五章　中非农产品贸易的比较优势分析和免关税政策的效果分析

一、中非农产品的贸易额增长分析

中非农产品贸易是中非农业合作的有机组成部分。中国对非洲的农业技术传递和中国对非洲的农业直接投资可以提高非洲国家的农业生产水平,提高其农产品的出口能力。另一方面,中非农产品贸易保证了非洲农产品的出口收益,增加了其吸收中国的农业技术,积极吸引外资投资的积极性,也提高了中国农业企业在非洲国家投资的积极性。21 世纪以来,中非间的农产品贸易额增加迅速,展现了广阔的发展空间,不过中非农产品贸易在中非贸易总额中所占的比例有下降的趋势。为了更好地促进中非农产品贸易额的增长,本章第一节分析中非农产品贸易额的增长来源国家和主要的来源农产品,并对中非农产品贸易的增长动因做初步分析。中非农产品贸易的增加,也带来了中非农产品比较优势的变化,第二节对中非农产品贸易的比较优势变化进行分析。中非农产品贸易总额得到了迅速增长,不过中非农产品贸易存在着增长的不平衡,尤其是非洲最不发达国家,出口能力弱,对中国的农产品贸易存在严重的逆差。为了增强这些国家的出口能力,中国实施了对非洲最不发达国家部分商品的免关税政策,免关税政策实施的效果如何,将在本章第三节进行讨论。

不同的农产品选择范围会导致不同的研究结果。根据 WTO 农业协议定义的农产品贸易统计范围和中国实际,遵照文献的通常做法(程国强,1999;chen,2006),本章的农产品范围包括 WTO 农业协议定义的农产品再加上水产品。

根据不同的研究目的也会有不同的农产品分类。为了识别在中国市场上和在非洲市场上各自的比较优势,本章遵照海关合作理事会《商品名称和编码协调制度》(HS)条目的分类。如无特别说明,农产品贸易数据均来源于联合国商品贸易统计数据库(Uncomtrade)。

(一) 中非农产品贸易额的增长及在中国对外贸易中的地位

中国农产品贸易在中国加入 WTO 之后发生了重要的变化,中国农产品的进出口额都得到了迅速的增长(表 5 - 1 前两行)。但是,由于中国的大宗农产品在国际市场上缺乏比较优势,中国农产品进口的增长快于出口的增长,在 2004 年,中国农产品的贸易顺差变成了负数,而且贸易逆差额还有不断扩大的趋势(表 5 - 1 第三行)。而中国对非洲的农产品贸易变化与中国在世界市场上的农产品贸易变化趋势不同,中国对非洲农产品出口的增长幅度快于中国农产品进口的增长幅度,中国对非洲的农产品出口额在中国农产品出口额中所占的比重不断增加(表 5 - 1 最后一行)。中国对非洲的农产品贸易也基本上一直是顺差,且顺差额有不断扩大的趋势(表 5 - 1 第六行)。

表 5 - 1　中非农产品贸易及其在中国农产品贸易中的地位

单位:现价亿美元

	2002	2004	2006	2008	2010	2012
中国农产品总进口	124.10	279.61	319.71	583.08	719.14	1114.84
中国农产品总出口	180.21	230.84	310.27	401.86	488.58	625.61
中国农产品贸易顺差	56.11	-48.78	-9.44	-181.22	-230.56	-489.23
中国从非洲农产品进口	0.73	4.45	5.82	5.98	11.19	16.15

续表

	2002	2004	2006	2008	2010	2012
中国对非洲农产品出口	4.22	4.20	7.61	11.50	13.77	22.35
中国对非洲农产品贸易顺差	3.49	-0.24	1.79	5.53	2.58	6.20
中国从非洲农产品进口/中国农产品总进口	0.59%	1.59%	1.82%	1.03%	1.56%	1.45%
中国对非洲农产品出口/中国农产品总出口	2.34%	1.82%	2.45%	2.86%	2.82%	3.57%

　　另一方面,从中国农产品贸易在中非贸易中的地位可以看出,中非农产品贸易的进出口额在中非贸易进出口额中所占的比重不大。尤其是中国从非洲农产品进口额与中国从非洲进口总额的比重低于2%。

表5-2　中非农产品贸易在中非贸易中的地位

单位:现价亿美元

	2002	2004	2006	2008	2010	2012
中国从非洲农产品进口	0.73	4.45	5.82	5.98	11.19	16.15
中国对非洲农产品出口	4.22	4.20	7.61	11.50	13.77	22.35
中国从非洲进口总额	54.3	156.5	287.7	559.7	670.9	1132.5
中国对非洲出口总额	69.6	138.1	266.9	512.4	599.5	853.1
中国从非洲农产品进口/中国从非洲进口总额	1.34%	2.84%	2.02%	1.07%	1.67%	1.43%
中国对非洲农产品出口/中国对非洲出口总额	6.06%	3.04%	2.85%	2.24%	2.30%	2.62%

　　数据来源:中国与非洲的贸易总额数据来自于中国统计年鉴。

　　中国对非洲农产品出口所占比重稍高,不过所占比重有逐渐下降的趋势,说明中非农产品贸易落后于中非其他领域的贸易。

　　总之,虽然中非农产品贸易在2000年之后获得较快的增长,并且中国对非洲农产品出口额的增长速度快于中国从非洲农产品进口额的增长速度。不过中非农产品贸易在中国农产品贸易中的地位并没有改变,所占比重很低(表5-1最后两行),而且落后于中非其他领域贸易的发展。

虽然如此,不过中非农产品贸易发展潜力巨大。目前非洲已成为中国第四大农产品出口地,非洲将来会是中国重要的农产品出口市场。另一方面,非洲拥有世界上约60%的未开垦土地,农业资源丰富,随着非洲国家农业生产能力的提高,非洲可能会成为中国大宗农产品重要的进口来源,进一步扩宽中国重要农产品的进口渠道。所以有必要分析中非农产品贸易增长的源泉和动因所在,为今后如何促进中非农产品贸易的进一步增长提供思路和借鉴。中非农产品贸易由进口和出口组成,以下分出口和进口来分析中非农产品贸易增长的分布。

(二)中国从非洲农产品进口额的增长分布

表5-3给出了中国从非洲农产品近10年的进口额和逐年的增长率。从表5-3可以看出,总体上中国从非洲的农产品进口额获得了快速的增长,不过增长并不平稳,尤其是在2006年和2007年出现了负增长。受世界经济危机影响,2009年的进口额从2008年增长了50%多,这也体现了非洲可以拓宽中国农产品进口渠道,增强抗风险能力。2009年以后中国从非洲农产品进口的增长速度较为平稳。

表5-3 中国从非洲农产品进口额和逐年的增长率

年份	2003	2004	2005	2006	2007	2008	2009	2010	2011	2012
进口额	2.62	4.45	6.22	5.82	5.54	5.98	9.10	11.19	14.38	16.15
逐年的增长率(%)		69.39	39.85	-6.44	-4.75	7.90	52.15	22.99	28.59	12.29

1. 中国从非洲农产品进口额的增长分布(按商品分)

为了分析中国从非洲农产品进口额增长的分布,表5-4按农产品的种类给出了本年度比上一年度进口额的增长额占总的农产品进口额增长额的比重。最后两列给出了5年比率的平均值和方差,并按照方差大小进行了排序,方差小于 0.02 的农产品没有列出,这些农产品逐年的变化很小。

从表 5-4 可以看出,代码 12 的菜籽油脂果实等农产品和代码 52 的棉花等农产品的贸易额一直处于快速的增长过程,代码为 3 的鱼等水产品和代码为 22 的饮料、酒及醋等农产品也一直处于增长过程。而代码 18 的可可及其制品和代码 51 的羊毛和动物毛等农产品进口额在震荡中快速增长,其余农产品的进口额增长缓慢。在中国从非洲农产品进口额负增长的农产品主要的只有代码 24 的烟草及代用品等农产品,这是因为烟草及代用品是中国具有比较优势的农产品,中国对非洲的出口会增加。

表 5-4　中国从非洲农产品进口额的增长分布(按商品分)

HS 代码	农产品名称	2008	2009	2010	2011	2012	平均值	方差
24	烟草及代用品	-74.38%	12.02%	71.27%	-7.72%	-113.12%	-22.39%	0.73
52	棉花	-8.84%	27.56%	5.89%	45.36%	72.35%	28.46%	0.32
18	可可及制品	68.13%	-12.45%	-4.29%	18.76%	20.31%	18.09%	0.31
12	菜籽油脂果实	52.11%	56.28%	4.77%	17.40%	48.20%	35.75%	0.23
51	羊毛和动物毛	32.26%	12.95%	-20.65%	15.49%	34.33%	14.87%	0.22
5	动物源性产品	22.30%	-2.72%	-0.12%	-0.10%	0.54%	3.98%	0.10
23	食品废料	-8.00%	0.65%	15.78%	-4.48%	0.25%	0.84%	0.09
3	鱼等水产品	6.76%	0.55%	8.28%	11.15%	21.54%	9.66%	0.08
53	亚麻原麻	10.23%	0.30%	-0.43%	1.59%	-4.63%	1.41%	0.05
17	糖及糖食	-10.37%	0.20%	0.46%	-0.27%	3.33%	-1.33%	0.05
15	动植物脂肪等	2.11%	3.84%	-1.47%	-2.31%	10.45%	2.52%	0.05
14	植物编织材料	-2.11%	-0.31%	4.37%	0.32%	-5.47%	-0.64%	0.04
41	皮革和毛皮	-0.88%	-1.59%	5.93%	0.20%	-0.10%	0.71%	0.03
13	树胶树脂等	5.92%	-0.45%	0.05%	1.02%	0.89%	1.49%	0.03
22	饮料、酒及醋	5.85%	0.27%	2.33%	2.99%	5.03%	3.29%	0.02
10	谷物	-2.58%	-0.34%	0.62%	0.05%	2.05%	-0.04%	0.02

从此表 5-4 分析中可以看到,中国从非洲农产品进口额增长的主要来源是菜籽油脂果实、棉花、可可及其制品和羊毛和动物毛等农产品。

2007—2012 年间这些农产品出口额的增长贡献了总进口额增长的 97%（5 年平均值）。中国从非洲农产品进口额增长的来源农产品品种相对较少。另外在 2008 年到 2009 年的经济危机时期，中国对非洲农产品进口的大幅度增加主要来自于代码为 12 的菜籽油脂果实等农产品。

2. 中国从非洲农产品进口额的增长分布（按国家分）

类似于表 5 - 4，表 5 - 5 按非洲国家给出了本年度比上一年度进口额的增长额占总的农产品进口额增长额的比重。最后两列给出了 5 年比重的平均值和方差，并按照方差大小进行了排序，方差小于 0.08 的农产品没有列出，这些农产品进口额逐年的变化很小，平均值也很小。

表 5 - 5　中国从非洲农产品进口额的增长分布（按国家分）

国家/年份	2008	2009	2010	2011	2012	平均值	方差
津巴布韦	- 88.66%	7.26%	70.08%	- 4.58%	- 99.37%	- 23.05%	0.71
加纳	86.98%	- 11.45%	- 4.16%	11.84%	9.45%	18.53%	0.39
喀麦隆	- 56.94%	9.83%	- 10.84%	8.99%	36.98%	- 2.40%	0.35
多哥	38.18%	12.05%	- 1.71%	16.01%	- 50.91%	2.72%	0.33
尼日利亚	- 41.22%	3.73%	5.09%	16.04%	50.87%	6.90%	0.33
马里	1.42%	- 10.26%	14.65%	12.40%	62.93%	16.23%	0.28
埃及	48.85%	4.45%	21.27%	- 1.59%	- 14.40%	11.72%	0.24
马拉维	31.19%	3.44%	0.98%	7.65%	- 32.38%	2.18%	0.23
苏丹	0.00%	0.00%	0.00%	0.00%	34.58%	6.92%	0.15
埃塞俄比亚	26.04%	43.09%	4.21%	10.28%	26.67%	22.06%	0.15
坦桑尼亚	- 15.12%	10.75%	2.22%	9.61%	20.10%	5.51%	0.13
南非	36.78%	10.81%	11.09%	17.66%	36.58%	22.58%	0.13
贝宁	9.11%	2.58%	- 13.68%	- 15.09%	0.00%	- 3.42%	0.11
赞比亚	- 5.06%	4.21%	0.40%	3.48%	- 15.70%	- 2.53%	0.08
科特迪瓦	4.48%	- 0.41%	4.08%	2.04%	19.23%	5.89%	0.08

从表 5 - 5 可以看出，对中国农产品出口额持续快速平稳增加的国家为埃塞俄比亚和南非。对中国农产品出口额快速震荡增加的国家有加

纳、马里和埃及。对中国农产品出口额增长较慢,增长速度较平稳的国家是坦桑尼亚和科特迪瓦,不平稳的国家是尼日利亚。对中国农产品出口额负增长的国家主要是津巴布韦,近5年的平均增长率为－23.05%。其余国家对中国的农产品出口额增加都非常有限,其中有安哥拉、刚果(金)等14个国家对中国的农产品出口额一直为零。非洲国家对中国的农产品出口存在严重的不平衡问题。这也是中国实施对非洲最不发达国家免关税政策的起源。

通过对表5-5的分析,中国从非洲农产品进口额的增长主要来源于南非、埃塞俄比亚、加纳、马里等少数几个国家。2007—2012年间这些国家对中国的农产品出口额的增长贡献了总进口额增长的79.4%(5年平均值)。非洲大陆50多个国家,中国从非洲农产品进口额增长的来源国家数量相对较少。另外在2008年到2009年的经济危机时期,中国对非洲农产品进口的大幅度增加主要来自于埃塞俄比亚,从这可以看出埃塞俄比亚农业对中国农产品进口的重要性。

(三)中国对非洲农产品出口额的增长分布

表5-6给出了中国对非洲农产品近10年的出口额和逐年的增长率。从表5-6可以看出,总体上中国从非洲的农产品进口额获得了快速的增长,不过增长并不平稳,2004年和2005年是负增长,2006年和2007年得到了恢复性增长,2008年到2010年增长较平稳,2011年又得到了迅速增长,不过到2012年出口额又有了恢复性减少。中国对非洲的农产品出口额是在轻微震荡中迅速增加。

表5-6　中国对非洲农产品出口额和逐年的增长率

年份	2003	2004	2005	2006	2007	2008	2009	2010	2011	2012
出口额	5.29	4.2	4.07	7.61	10.1	11.5	12.5	13.8	23.0	22.4
逐年的增长率		－20.50%	－3.21%	86.97%	32.85%	13.80%	8.47%	10.32%	67.02%	－2.79%

1. 中国对非洲农产品出口额的增长分布(按商品分)

类似于上一部分,为了分析中国对非洲农产品出口额增长的分布,表5-7按农产品的种类给出了本年度比上一年度出口额的增长额占总的农产品出口额增长额的比重,因为2012年出口额是负增长,最后一列是根据2011年和2012年两年的平均值计算得出的增长比重。最后两列给出了5年比重的平均值和方差,并按照方差大小进行了排序,方差小于0.06的农产品没有列出,这些农产品逐年的变化很小,平均值也很小。

从表5-7可以看出,代码为20的蔬菜和水果和代码为3的鱼等水产品出口额增长迅速,不过增长平稳性稍有不足。代码为12的菜籽油脂果实等农产品增长较平稳,不过增长速度不如前两种农产品快。代码为21的杂项食品等农产品增长较快,不过很不平衡,在正增长和负增长间波动,代码为9的咖啡、茶、香料等农产品增长速度一般,增长也很不平衡。中国对非洲农产品出口额负增长的主要是代码为10的谷物等农产品,这与中国大宗农产品相对缺乏比较优势有关。

同样从表5-7可以得到,中国对非洲农产品出口额的增长主要集中在蔬菜、水果和鱼等水产品等农产品。这两类农产品的出口额的增长占到了中国总的出口额增长的一半以上(5年平均值),出口额快速增长的农产品数目很少。与表5-4相比较,中国从非洲农产品进口额增长的主要来源是菜籽油脂果实、棉花、可可及其制品和羊毛和动物毛等农产品。这说明中非农产品贸易是属于产业间的贸易,农产品贸易有很强的互补性。

表5-7 中国对非洲农产品出口额的增长分布(按商品分)

HS 条码	主要商品名称	2007	2008	2009	2010	2011—2012	平均值	方差
21	杂项食品	-3.75%	8.90%	60.68%	-10.96%	2.85%	11.54%	0.28
10	谷物	5.70%	0.66%	-54.54%	-11.11%	10.22%	-9.81%	0.26
3	鱼等水产品	-3.51%	2.12%	53.29%	37.63%	38.84%	25.68%	0.25

续表

HS 条码	主要商品名称	2007	2008	2009	2010	2011—2012	平均值	方差
9	咖啡、茶、香料等	29.78%	-24.48%	-9.42%	31.14%	6.79%	6.76%	0.24
20	蔬菜、水果	23.37%	14.41%	60.72%	11.47%	11.28%	24.25%	0.21
17	糖及糖食	-5.93%	21.66%	27.80%	-21.71%	3.40%	5.04%	0.20
7	蔬菜根块茎	9.64%	25.10%	-25.08%	16.39%	2.17%	5.64%	0.19
22	饮料、酒及醋	12.71%	-29.35%	5.55%	-0.79%	0.77%	-2.22%	0.16
19	谷物、牛奶制品	6.31%	13.79%	-14.60%	14.21%	5.57%	5.05%	0.12
4	奶制品、鸡蛋等	8.03%	0.08%	-19.10%	-3.40%	4.36%	-2.01%	0.10
12	菜籽油脂果实	1.67%	10.17%	1.67%	25.70%	8.57%	9.56%	0.10
5	动物源性产品	2.51%	11.98%	-7.04%	7.46%	0.76%	3.13%	0.07
15	动植物脂肪等	-2.96%	8.21%	-6.57%	-9.47%	1.22%	-1.92%	0.07
24	烟草及代用品	2.46%	12.80%	2.08%	11.42%	-0.04%	5.74%	0.06

2. 中国对非洲农产品出口额的增长分布(按国家分)

表5-8按非洲国家给出了本年度比上一年度出口额的增长额占总的农产品出口额增长额的比重。同样因为2012年出口额是负增长,最后一列是根据2011年和2012年两年的平均值计算得出的增长比重。最后两列给出了5年比重的平均值和方差,并按照方差大小进行了排序,比重小于0.05的国家没有列出,在这些国家中国农产品的出口额增加很少,平均值也很小。

从表5-8可以看出,中国对非洲的农产品出口额增长的国家很少,主要有尼日利亚、埃及、南非、阿尔及利亚和摩洛哥这五个国家,这五个国家的中国农产品进口额的增长占到了整个非洲进口额增长的87.43%,而南非和尼日利亚两国进口额增长占到了50%以上(5年平均值)。其中尼日利亚对中国农产品进口额增长迅速,不过极不平稳,逐年的增长比率差异很大;埃及对中国农产品进口额增长较迅速,不过增长也很不平稳;南非对中国农产品进口额增长迅速,而且一直保持着较高的正的增长速度;阿尔及利亚和摩洛哥对中国农产品进口额增长的速度较快,并且保持平稳。其余国家对中国农产品进口额增长不明显,不少国家依然对中国农产品的进口额一直保持零状态。从这些国家分布可以看出来,非洲国家对中国农产品的进口主要是经济较发达的国家(南非、埃及和摩洛哥)和石油等资源较丰富的国家(尼日利亚、阿尔及利亚)。非洲对中国农产品的进口能力主要取决于这些国家的经济发展水平。

将表5-8和表5-5进行比较,中国农产品进口额增长的来源国家主要是南非、埃塞俄比亚、加纳、马里等非洲国家,中国农产品出口额增长的来源国家主要是南非、尼日利亚、埃及、摩洛哥和埃尔及利亚。中国农产品进口主要来自于非洲传统的农业国家,而主要出口于非洲经济较发达、国民收入水平较高的国家,其中南非在中国农产品贸易中占有重要的地位。中非农产品贸易增长的国家来源较少,贸易额增长缺乏广泛的基础。

表5-8　中国对非洲农产品出口额的增长分布(按国家分)

国家/年份	2007	2008	2009	2010	2011	平均值	方差
尼日利亚	-16.68%	-69.36%	174.33%	-16.30%	57.38%	25.88%	0.94
埃及	0.00%	100.47%	-23.68%	5.57%	9.90%	18.45%	0.48
马里	-0.10%	10.35%	-26.39%	33.10%	-1.82%	3.03%	0.22
利比亚	24.98%	-24.64%	-1.41%	7.33%	-4.06%	0.44%	0.18
喀麦隆	2.74%	3.69%	-31.19%	1.65%	1.89%	-4.24%	0.15
贝宁	10.46%	11.64%	-14.65%	-7.24%	-3.04%	-0.57%	0.11
南非	25.33%	15.38%	43.30%	25.82%	17.84%	25.53%	0.11
阿尔及利亚	10.17%	20.50%	1.03%	5.78%	1.98%	7.89%	0.08
加纳	6.38%	-4.55%	-5.36%	10.94%	6.66%	2.81%	0.07
科特迪瓦	10.33%	-5.04%	-3.71%	-4.34%	2.04%	-0.14%	0.06
塞内加尔	1.96%	9.37%	-5.89%	7.44%	-0.19%	2.54%	0.06
几内亚	2.12%	2.29%	-10.67%	0.00%	0.00%	-1.25%	0.05
摩洛哥	5.96%	6.14%	13.06%	16.54%	6.68%	9.68%	0.05

（四）中非农产品贸易增长来源分析的基本结论

从本节第二部分和第三部分的分析可以得到几个简单的结论。一是中非农产品贸易额虽然得到了较快的增长,不过增长并不平稳;二是不管是进口还是出口,中非农产品贸易额增长集中在少数农产品种类和少数几个国家,大多数国家和大多数农产品的贸易额增长非常有限,中非农产品贸易额增长的基础有限;三是中非进出口的主要农产品种类不一致,说明中非农产品贸易存在互补性;四是非洲国家农产品出口能力很弱,主要集中在传统的农业国家,而进口能力集中在非洲多样性经济国家和石油出口型经济的国家;五是中非农产品贸易的潜力还远远没有发挥出来,这与非洲国家农业生产水平低下、购买力不足有关,这也与中国对非洲农业技术传递效果非常有限和中国对非洲的农业直接投资所占比重很小有关。所以中非农产品贸易的增长除了需要非洲国家保持经济的增长,也需要中国为非洲农业技术提高提供更多帮助以及中国农业企业对非洲进行更多投资。

中非农产品贸易的基础薄弱,这也部分解释了中非农产品贸易额在中非贸易额中所占比重很小。中国对非洲农产品的出口额增长快于中国从非洲的农产品进口额,说明非洲近几年经济的发展增加了农产品的需求,不过非洲国家的农产品出口集中在传统的农业国家,经济依然较落后,出口能力依然较弱。为了增加非洲国家的农产品出口能力,中国从2005年开始对非洲最不发达国家的部分进口商品实施了免关税政策。免关税政策的实施增加了非洲国家(比如埃塞俄比亚)对中国的农产品进口,不过非洲国家农产品的出口能力的增强主要还在于其农业生产技术水平的提高。

二、中非农产品贸易的比较优势分析

(一) 比较优势分析指标的选择

在借鉴前人工作的基础上,Yu et al. (2009)[①]提出了标准显示性比较优势指数(NRCA index),该指标克服了以往显示性比较指数不具有可比性和数值缺乏对称性等缺点,其计算公式如下:

$$\Delta E_j^i = E_j^i = \hat{E}_j^i = E_j^i - (E^i E_j)/E \tag{1}$$

$$NRCA_j^i = \Delta E_j^i / E = E_j^i / E - (E^i E_j)/EE \tag{2}$$

其中,E_j^i 表示 i 国 j 商品的出口额,E^i 表示 i 国所有商品的出口额,E_j 表示所有国 j 商品的出口总额,E 表示各国对所有商品的出口总额。ΔE_j^i 表示 i 国 j 商品的实际出口额与其在中性比较优势下的出口额($E^i E_j$)/E 之差,所以当 $\Delta E_j^i > 0$ 时,i 国的 j 商品具有强比较优势,而当 $\Delta E_j^i < 0$ 时,i 国的 j 商品具有弱比较优势。标准显示性比较优势指数(NRCA index)是对 ΔE_j^i 进行总出口额 E 标准化后的数值。

NRCA 指数具有非常好的性质。一是经济学意义直观,一个国家的不同类别商品的比较优势值的加和为零,同一个商品的不同国家的比较优势值加和也为零,更加符合比较优势的内涵;二是具有可比性,不同国家和不同商品间的比较优势可比;三是具有可加性,群组国家和群组商品的比较优势可由单个个体的比较优势值加和得到,这样指标的数值就不再依赖国家和商品的不同分类;四是该指标可以进行跨时期比较。基于该指标的上述优点,本节的比较优势分析采用标准显示性比较优势指数(NRCA index)。

[①]　Run Y,Cai JN,Leung PS. the normalized revealed comparative advantage index. The Annals of Regional Science,2009,43(1):267 - 282.

（二）非洲国家农产品在中国市场上的比较优势

1. 非洲农产品在中国农产品进口市场上的比较优势（按商品分）

表 5 - 9 给出了在中国进口市场上非洲农产品的比较优势指数,倒数第二列给出了按标准显示性比较优势指数给出的近 5 年比较优势指数（2008—2012 年）的平均值,正值表示该商品在中国市场上有比较优势。由表 5 - 9 可以看出,只有少数几种农产品具有正的比较优势[①]。倒数第一列是该商品的中国出口额占非洲该商品的总出口的比重（近 5 年平均值）,此比重用来衡量非洲国家农产品出口对中国的依赖程度,也表示中国市场对非洲农产品出口的重要程度。利用表 5 - 9 可以将非洲商品分为四类。第一类是在中国市场有正的比较优势且高度依赖中国市场的商品,比如第 52 章的棉花、第 50 章的生丝和废丝等。第二类是在中国市场有正的比较优势,但不是特别依赖中国市场的商品,比如第 9 章的咖啡和第 18 章的可可。说明非洲此商品在世界市场上都具有比较优势,拥有很强的竞争力。第三类是在中国市场上没有比较优势,但依然比较依赖中国市场的商品,比如第 51 章、53 章、41 章和第 12 章的商品,这类商品在中国市场上竞争会比较艰难,不过中国市场成了非洲该农产品重要的出口市场。第四类商品就是在中国市场上既没有比较优势,也不是很依赖中国市场的商品,大部分商品都属于第四类。

表 5 - 9　非洲农产品在中国进口市场上的比较优势（按商品分）

HS 代码	商品名称	2004	2006	2008	2010	2012	比较优势值	对中国出口/对世界出口
24	烟草及代用品	17.15	5.82	0.68	13.97	-4.04	4.764	4.90%
18	可可及制品	3.01	3.68	5.74	0.84	4.94	3.599	1.00%
52	棉花	30.95	12.23	1.29	0.92	-10.02	1.175	20.61%

---

① 对于负值的比较优势指数由于篇幅的原因,这里只列出了排名靠后的农产品的比较优势指数（下表同）。

HS 代码	商品名称	2004	2006	2008	2010	2012	比较优势值	对中国出口/对世界出口
50	生丝和废丝	-0.08	-0.04	-0.01	0.20	-0.04	0.027	41.49%
13	树胶树脂等	-0.09	-0.17	0.13	-0.01	-0.12	0.010	2.26%
9	咖啡、茶、香料等	0.31	0.71	-0.06	0.22	-0.43	0.003	0.30%
51	羊毛和动物毛	-5.35	-1.70	-1.26	-2.06	0.51	-0.081	45.91%
53	亚麻原麻	-1.05	-1.04	-0.45	-0.48	-0.68	-0.446	36.47%
41	皮革和毛皮	-4.44	-4.08	-6.22	-4.97	-8.74	-6.278	15.16%
23	食品残留饲料	-4.25	-5.04	-6.93	-7.65	-8.53	-7.393	5.10%
2	肉及食用杂碎	-2.26	-3.13	-10.11	-7.63	-14.06	-9.899	0.06%
3	鱼等水产品	-8.03	-12.26	-14.15	-12.23	-12.60	-13.021	1.50%
15	动植物脂肪等	-20.45	-17.76	-46.76	-29.65	-43.35	-37.278	0.83%
12	菜籽油脂果实	-36.20	-26.12	-92.68	-73.01	-108.95	-83.313	16.61%
非洲	农产品	-59.73	-73.39	-201.67	-167.47	-293.10	-200.12	2.61%

注:比较优势值是按公式(1)(2)计算的值又乘以了100000,不影响结果的分析。最后两列的比较优势值和非洲对中国出口的农产品占非洲总出口的比例都是按照最近5年的平均值得到(下表5-10和表5-11与此同)。

从非洲农产品的比较优势的发展趋势来看,除了具有正值的比较优势指数的商品外,大部分农产品的比较优势指数具有明显的下降趋势。部分具有上升趋势的农产品有2905的甘露醇、山梨糖醇、380910的整理剂和第51章的商品,说明这些商品在非洲对中国出口的相对重要性不断增强。

将表5-9与表5-4进行比较可以看出,中国从非洲农产品进口额增长的主要来源农产品为菜籽油脂果实、棉花、可可及其制品、羊毛和动物毛等农产品,非洲这些商品对中国出口的增长使得这些商品对中国市场的依赖度较高,其中只有代码18的可可及其制品依赖度不高,说明非洲国家的可可及其制品等农产品在世界范围内出口能力强。从比较优势值的变化趋势来看,除了可可及其制品外,其他三种农产品的比较优势值都存在明显的下降趋势,尤其是代码为 12 的菜籽油脂果实等农产品,这说明非洲国家这些商品对中国出口的增长主要来自于中国需求的增长,中国从非洲外的国家进口的数额增长更多,这些商品在中国市场上面临的竞争较强。可可及其制品的比较优势值变化平稳,说明其在中国市场上拥有平稳的市场份额,这与可可及其制品主要产于非洲国家,在世界市场上拥有较强的垄断性有关。

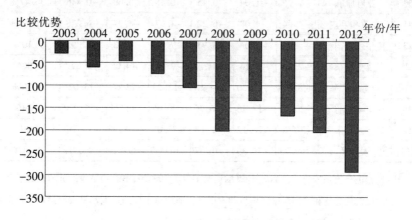

图 5 - 1　非洲农产品在中国的比较优势变化

表 5 - 9 最后一行给出了非洲农产品的比较优势指数,是由各商品的比较优势指数加和得到。比较优势指数是负值显示非洲的农产品在中国不具有比较优势,而且负值的比较优势指数还具有不断扩大的趋势(见图 5 - 1)。说明非洲国家对中国的农产品出口相对落后于其他地区对中国的农产品出口,也相对落后于非洲其他商品(比如矿产资源)对中国的出口。

2. 非洲农产品在中国农产品进口市场的比较优势(按国家分)

表 5 - 10 给出了非洲国家的农产品在中国市场上的比较优势指数。具有正的比较优势的国家只有埃塞俄比亚、津巴布韦、多哥、马里和贝宁五个国家,在这些国家农业占有重要地位,国民收入的相当一部分来源于农业出口。比较优势为负值的后五位国家为刚果、利比亚、苏丹、南非和

安哥拉,这些国家资源丰富,农业收入在国民收入中占比很小。从农产品出口对中国市场的依赖度上看,比较优势指数和对中国市场的依赖度具有较好的一致性,具有正的比较优势的国家也大都具有较高的依赖度。这说明中国市场对于这些非洲国家农产品出口来说非常重要。表5-10最后一行给出了非洲总体的比较优势指数,是由非洲国家的比较优势指数加和得到,得到的数值与表5-9的数值相同。这也体现了标准显示性比较优势指数关于商品和国家的可加性。

表 5-10　非洲国家农产品在中国市场上的比较优势(按国家分)

	2004	2006	2008	2010	2012	比较优势值	对中国出口/对世界出口
埃塞俄比亚	0.82	10.56	5.24	13.79	14.73	13.034	10.58%
津巴布韦	16.66	6.08	1.26	12.78	-1.93	4.897	9.77%
多哥	2.62	-0.11	1.75	3.74	0.63	3.535	20.31%
马里	7.33	11.20	2.54	1.93	8.86	3.343	18.59%
贝宁	15.58	6.32	5.58	2.99	-0.88	2.861	20.08%
民主刚果(金)	-0.88	-1.88	-7.20	-9.26	-11.85	-8.80	n. a.
刚果	-13.93	-14.25	-16.96	-11.52	-15.37	-13.444	0.11%
利比亚	-3.70	-8.65	-11.77	-16.66	-21.50	-14.539	0.34%
苏丹	-15.15	-9.92	-28.76	-24.64	-1.88	-21.777	7.57%
南非	-21.14	-11.24	-30.34	-41.47	-133.60	-63.779	3.03%
安哥拉	-41.89	-55.82	-101.76	-84.20	-113.19	-90.357	n. a.
非洲总体	-59.73	-73.37	-201.67	-167.47	-293.10	-200.11	2.61%

注:n. a. 表示数据无法获得,是因为此国家在相应年份对世界农产品的出口为零。

从非洲国家比较优势指数的变化趋势来看,比较优势指数从2003年到2012年有明显上升趋势的国家主要有埃塞俄比亚、多哥、坦桑尼亚和马拉维等国家;比较优势指数为正的国家中,贝宁的比较优势指数有明显的下降趋势。大部分国家的比较优势指数变动趋势不明显,而非洲总体的农产品比较优势的下降主要来源于资源丰富的国家的农产品比较优势指数的下降,比如安哥拉、南非、刚果(金)等国家,这主要是因为这些国家对中国矿产资源出口的增长远远大于了其农产品出口的增长。

将表5-10与表5-5进行比较,表5-5显示中国从非洲农产品进口额的增长主要来源于南非、埃塞俄比亚、加纳、马里等少数几个国家,而津巴布韦对中国的农产品出口额不断减少。对中国农产品出口额的增长使得埃塞俄比亚和马里对中国市场的依赖度较高,比较优势值稳中有上升的趋势。而津巴布韦、多哥和贝宁等国家对中国农产品出口额增长值不大,但依然对中国市场有较高的依赖度,说明这些国家的农产品在世界范围内竞争力不强。南非和加纳对中国农产品出口增长较快,不过比较优势值和依赖度都不高,说明这两个国家的农产品在世界范围内有较强的竞争力,而且其农产品之外的商品对中国的出口额增长更快。

(三)中国农产品在非洲的比较优势

1. 中国农产品在非洲的比较优势

表5-11给出了中国农产品在非洲市场上的比较优势指数及中国对非洲农产品出口额与中国农产品出口总额的比重。中国对非洲出口的农产品中具有比较优势的产品有第20章的蔬菜水果、第9章的咖啡等、第5章的其他动物产品,第35章(01-05)的蛋白质物质等和第50章(01-03)的生丝及废丝。其中,第20章的蔬菜和水果具有非常显著的比较优势,并且蔬菜和水果对非洲出口的依赖度不高,说明其在世界其他国家也都非常具有竞争力,这也符合中国农业人多地少的现状,与前人的研究相符。中国的农产品比较优势指数排名靠后的农产品有第2章、第4章、第17章、第15章和第10章的农产品,而且负值较大,说明中国的这些农产品对非洲的相对吸引力较低。尤其是第10章的谷物,比较优势指数值达到了-464.55,说明中国的谷物在与中国其他商品和其他国家的谷物商品的比较中处于劣势。这也和前人的研究相符,中国在谷物等土地密集型的农产品上不具有比较优势。不过中国对非洲的谷物出口占到了中国对世界出口的22.16%,中国谷物的出口对非洲依赖度较高,非洲市场成

了中国谷物重要的出口市场。

另外,中国农产品出口对非洲市场依赖度较高的商品还有第 44 章的皮革和毛皮、HS 代码为 380910 的整理剂和第 52 章的棉花等农产品。和第 10 章谷物一样,这些中国不具有比较优势的农产品,非洲成了其重要的出口市场。

在中国农产品比较优势指数变化趋势方面,只有第 20 章的蔬菜和水果的比较优势指数具有明显的上升趋势。其余农产品的比较优势指数或者基本保持不变,或者有明显的下降趋势。说明中国的这些商品对非洲的出口增长慢于世界上其他国家对非洲的出口额的增长,尤其是中国的谷物,比较优势迅速下降,虽然非洲是中国谷物出口的主要市场,不过所面临的竞争较强,所占市场份额不断减少。

表 5 − 11　中国农产品在非洲的比较优势(按商品分)

HS 代码	商品名称	2004	2006	2008	2010	2012	比较优势值	对非洲出口/对世界出口
20	蔬菜、水果	9.10	16.00	19.44	25.00	50.15	32.01	4.15%
9	咖啡、茶、香料等	55.04	34.76	13.42	13.56	13.92	14.35	13.18%
5	动物源性产品	8.06	6.68	6.75	6.72	7.88	6.82	3.55%
35	蛋白质物质	1.15	−0.99	−0.61	−0.07	2.56	0.60	5.28%
50	生丝及废丝	0.63	0.64	0.53	0.46	0.08	0.37	0.53%
380910	整理剂	−0.11	−0.17	−0.08	0.02	−0.04	−0.02	17.17%
41	皮革和毛皮	−1.69	−0.66	−0.77	−1.21	−0.43	−0.58	33.88%
52	棉花	−8.61	−5.50	−9.70	−9.60	−7.46	−9.62	10.50%
2	肉及食用杂碎	−24.67	−28.66	−43.24	−62.97	−78.85	−60.05	0.48%
4	奶制品、鸡蛋等	−48.89	−65.42	−78.05	−89.39	−92.04	−93.60	7.53%
17	糖及糖食	−35.18	−40.32	−48.89	−93.72	−137.77	−96.45	8.50%
15	动植物脂肪等	−68.35	−83.10	−152.70	−161.19	−191.90	−168.16	5.02%
10	谷物	−128.95	−200.82	−390.67	−404.27	−534.35	−464.55	22.16%
中国	农产品	−379.66	−537.44	−946.77	−1127.93	−1365.50	−1201.59	2.73%

　　将表 5 - 11 与表 5 - 7 进行比较,表 5 - 7 显示中国对非洲农产品出口额的增长主要集中在代码为 20 的蔬菜、水果和代码为 3 的鱼等水产品等农产品,而中国对非洲农产品出口额较少的主要是代码为 10 的谷物。对非洲出口额的增长使得蔬菜和水果的比较优势值明显增加,不过对非洲的依赖度并不高,说明中国的蔬菜和水果在世界范围内都有很强的竞争力。代码为 9 的咖啡、茶、香料等,代码为 380910 的整理剂,代码为 41 的皮革和毛皮以及代码为 10 的谷物等农产品,中国对非洲的出口额增长较低,比如谷物的出口额还有明显的下降,而这些农产品对非洲市场的依赖度依然较高,说明这些商品在世界市场上的竞争力不强。这些发现符合中国农产品的比较优势,中国在劳动力密集型的农产品上具有比较优势,而在土地密集型的农产品上不具有比较优势,这符合中国的农业资源禀赋。

　　表 5 - 11 最后一行是中国农产品的整体比较优势指数,其为中国所有农产品比较优势指数的加和。从 2003 年开始,中国的农产品在非洲的比较优势指数都为负值,并且从 2003 年到 2009 年中国农产品的比较优势指数下降迅速(见图 5 - 2)。不过从 2009 年到 2012 年中国农产品的比较优势指数的下降速度有减缓的趋势。中国农产品的比较优势指数不断下降说明中国对非洲的农产品出口逐渐相对落后于中国对非洲其他商品的出口,也逐渐相对落后于其他国家对非洲的农产品出口。

　　把表 5 - 11 和表 5 - 9 进行比较可以看到中非农产品贸易的以下三个特点:一是双方在世界市场上具有比较优势的产品在各自市场上也具有较强的比较优势。比如非洲的咖啡、可可、烟草和中国的蔬菜、水果。二是双方农产品贸易有较强的互补性,非洲在中国具有比较优势的产品主要有烟草、可可、棉花和生丝等,而中国在非洲具有比较优势的产品主要有蔬菜、水果、茶叶和动物源性产品等。三是双方在世界市场上某些不具有比较优势的产品,对方市场却成为了重要的出口市场。比如,非洲的羊毛、亚麻原麻、中国的谷物等农产品。

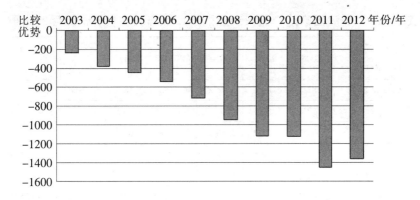

图 5-2 中国农产品在非洲的比较优势的变化

2. 非洲国家的中国农产品进口在其农产品进口中的地位

类似于上一节的第二部分,本节可以给出中国农产品在每个非洲国家市场上的比较优势,不过非洲 50 多个国家就有 50 多个市场,不同市场的比较优势指标缺乏可比性。所以本节只给出非洲国家的中国农产品进口在其农产品进口中所占的比重。

表 5-12 给出了非洲主要国家从中国进口的农产品贸易额与其从世界进口额的比重。倒数第二列是 2008 年到 2012 年比例的平均值,最后一列是 2008 年到 2012 年从中国农产品进口额的平均值,国家按进口额平均值从大到小排列。从此表可以看出中国农产品出口非洲的几个特点。一是非洲国家从中国的农产品进口额在其进口总额中所占的比重都不高;二是排在进口中国农产品贸易额前几位的国家都是资源丰富的国家(尼日利亚、阿尔及利亚)或者经济比较发达的国家(南非、摩洛哥、埃及),这些国家成了中国农产品出口的重要市场;三是非洲的主要农业国家(马里、埃塞俄比亚等)的中国农产品进口额并不高;四是从整个非洲来说,中国的农产品进口额占比依然很低。

表5-12　非洲国家从中国农产品的进口额与其占世界进口额的比重

从中国农产品进口/ 从世界农产品进口	2008	2009	2010	2011	2012	近五年 平均值	进口额 平均值
尼日利亚	3.81%	6.69%	5.46%	4.51%	7.18%	5.53%	4.38E+08
南非	4.57%	6.02%	5.96%	5.05%	8.50%	6.02%	3.41E+08
摩洛哥	2.38%	3.51%	3.69%	3.71%	3.67%	3.39%	1.72E+08
埃及	1.51%	1.45%	1.18%	1.26%	1.55%	1.39%	1.61E+08
阿尔及利亚	1.31%	1.73%	1.77%	1.27%	1.37%	1.49%	1.24E+08
加纳	3.41%	3.60%	4.21%	5.84%	5.72%	4.56%	72812586
科特迪瓦共和国	2.93%	2.58%	2.39%	2.86%	3.06%	2.76%	46713038
贝宁	8.16%	7.53%	5.67%	n.a.	n.a.	7.12%	38089598
塞内加尔	1.97%	2.43%	3.47%	2.35%	2.53%	2.55%	34157418
利比亚	1.87%	1.75%	1.66%	n.a.	n.a.	1.76%	30299384
马里	6.14%	n.a.	7.74%	6.70%	4.58%	6.29%	30280345
喀麦隆	4.52%	1.44%	1.85%	3.16%	2.04%	2.60%	29102096
毛里求斯	2.16%	2.38%	2.81%	2.65%	2.97%	2.59%	28299980
毛里塔尼亚	4.98%	4.64%	6.12%	4.76%	4.43%	4.99%	19758379
尼日尔	3.65%	3.45%	3.71%	3.74%	5.71%	4.05%	18106577
埃塞俄比亚	0.88%	0.93%	1.01%	2.86%	1.10%	1.36%	16081002
布基纳法索	4.91%	3.08%	2.70%	2.28%	n.a.	3.24%	10606443
多哥	2.92%	3.27%	3.78%	6.77%	6.20%	4.59%	8926704
冈比亚	9.74%	7.31%	3.40%	4.75%	n.a.	6.30%	6434957
非洲	2.16%	2.63%	2.63%	2.84%	3.37%	2.73%	1.66E+09

　　将表5-12与表5-8进行比较,表5-8显示中国对非洲的农产品出口额增长的国家主要有尼日利亚、埃及、南非、阿尔及利亚和摩洛哥这五个国家,使得这些国家从中国的农产品进口额与其从世界的农产品进口额所占的比重保持基本的稳定,从中国的农产品进口额总量在非洲国家中排名靠前。

　　综合表5-5、表5-8、表5-10和表5-12可以看出中国和非洲国家间农产品贸易的一个重要特点。中国从非洲进口的农产品主要来自于非洲传统的农业国家,而中国对非洲的农产品出口主要出口到非洲矿产资源丰富和经济较发达的国家。一方面随着非洲传统农业国家农业生产技术和农业生产能力的提高,非洲对中国的农产品出口会有较大的增长空间,这会进一步拓宽中国农产品的进口渠道;另一方面,随着非洲经济的发展,中国的农产品对非洲的出口也会有进一步的增长,这也是近10年来中国对非洲农产品出口保持较高增长的原因(见表5-1)。虽然中非农业间相似的产业结构和组织生产方式会削弱中非农产品贸易的互补性,不过非洲国家经济的多样性使得中非农产品贸易也会有很大的发展空间。

(四)中非农产品贸易比较优势分析的基本结论

本节基于标准的显示性比较优势指标(NRCA)对中非农产品进出口贸易的比较优势进行了分析。主要结论如下:

(1)非洲对中国出口的农产品具有正的比较优势的种类较少,主要是非洲传统的优势农产品如烟草、咖啡、可可等,也有像棉花和生丝等对中国出口比重较高的农产品。非洲对中国出口农产品总体的比较优势指数为负值,而且负值还有不断扩大的趋势,非洲对中国出口的大部分农产品的比较优势指数都有不断下降的趋势。

(2)中国对非洲出口的农产品具有正的比较优势的种类也很少,主要有劳动密集型的蔬菜、水果、茶叶和动物源性产品。中国对非洲出口的农产品总体的比较优势指数为负值,而且负值也有不断扩大的趋势。中国对非洲出口的农产品除了第20章的蔬菜、水果的比较优势指数有明显上升的趋势之外,其余农产品的比较优势指数或者基本保持不变,或者有明显的下降趋势。不过对于在世界市场上缺乏比较优势的中国谷物,非洲成为了重要的出口市场。

(3)在国家层面,非洲传统的农业国家的出口对中国市场的依赖度较高,中国是非洲这些国家重要的农产品出口市场。中国从非洲进口的农产品主要来自于非洲传统的农业国家,而中国对非洲的农产品出口主要出口到非洲矿产资源丰富和经济较发达的国家,非洲国家经济的多样性使得中非农产品贸易会有很大的发展空间。

(4)通过对中国农产品贸易的比较优势的分析可以看出,中非农产品贸易逐渐相对落后于中非其他领域的贸易,也逐渐相对落后于中非与其他国家间的农产品贸易。不过中非农产品贸易依然有自身的发展潜力和空间。中非农产品的进出口贸易额在不断增加,中非市场已经成为中非某些农产品各自重要的出口市场,中非农产品贸易的相互依赖性增强。随着中非经济的发展和非洲农业国家农业生产能力的不断提高,中非双方都能从中非农产品贸易中获得更大的利益。

三、免关税政策对中非农产品贸易的影响分析

(一)免关税政策效果研究的缘起

自中非合作论坛以来,中非贸易取得了很大的进展,但是中非贸易不平衡问题明显。虽然在 2004 年中国由贸易顺差变为了贸易逆差,但是中国从非洲进口的大都是石油、矿产品、木材等资源性产品,中国的进口大都集中在资源丰富的安哥拉、刚果、苏丹等国家,大多数其他国家的进口很少。以 2004 年为例,非洲与中国贸易顺差的国家有 18 个,逆差的国家有 41 个,其中有 8 个国家对中国的出口额为 0(见表 5 – 13),并且存在贸易逆差的这些国家,他们的贸易逆差额与这些国家对中国的总出口额的比例为 3. 97∶1,贸易严重失衡。由于资源互补性,中非贸易在中非关系中会扮演越来越重要的作用。为了加强非洲国家的出口能力,促进中非贸易,中国政府对非洲最不发达国家的某些商品实行了免关税的优惠。自 2005 年 1 月 1 日起,中国给予 25 个非洲最不发达国家 190 种商品免关税待遇;2007 年 7 月 1 日,中国给予免关税待遇的非洲国家扩大至 26 个,商品增加至 254 种;2010 年 7 月 1 日,给予免关税待遇的非洲国家增加到 31 个,而商品类别增加至 4762 种。另据商务部新闻办公室消息,为进一

步向非洲商品开放市场,增强非洲商品的出口竞争能力,2010 年之后的三年内,中国政府将逐步给予非洲所有与中国建交的最不发达国家95%的产品免关税待遇。这些措施实施的效果怎样? 对中非贸易的影响有多大? 本书选取享受免关税待遇的农产品品种进行跟踪研究。虽然享受免关税待遇的国家都是非洲的最不发达国家,出口能力比较弱,不过免关税措施对中非农产品贸易的影响分析对于进一步验证中非农产品的互补性以及对于中国进一步选择免关税的产品种类有重要的指导意义。

表 5 – 13　2004 年非洲与中国贸易的不平衡

单位:万美元

	国家数量	出口额	贸易差额	贸易差额与出口额的比例
顺差	18	1381864.00	908671.60	0.657569
逆差	41	182741.20	−725266.00	−3.96881
出口额零	8	0.00	−183405.70	

数据来源:中国统计年鉴。

根据国际贸易理论,国家间贸易主要是由比较优势决定的,比较优势无法直接测量,只能通过实际的贸易额来测算,但实际的贸易量受到诸如关税等因素的影响。本书有别于以往的比较优势指标的测算,利用中国对非洲免关税的契机,利用免关税农产品的贸易额的面板数据,使用固定效应模型,测算了主要由比较优势决定的贸易额,还测算了关税及规模效应对贸易额增长的影响。张海森、谢杰(2011)[①]利用引力模型分析了中国—非洲农产品贸易的决定因素与潜力,认为中非农产品贸易的决定因素主要有距离、人口、经济规模以及政策等,本书认为除了比较优势、关税外,非洲对中国出口商品的规模效益也是需要考虑的因素。

---

① 张海森、谢杰:《中国非洲农产品贸易的决定因素与潜力——基于引力模型的实证研究》,载《国际贸易问题》2011 年第 3 期。

（二）中国对非洲免关税政策的演变及特点

中国从 2005 年 1 月 1 日开始对非洲最不发达的 25 个国家的 190 个条码的商品实行免关税政策,此后,中国的免关税政策不断进行调整和扩大,到 2010 年 7 月 1 日,中国的免关税政策扩大到非洲 31 国,免关税的商品条码扩大到 4762 个。中国的免关税政策的详情请参看表 5 - 14。

表 5 - 14　中国对非洲最不发达国家的免关税政策
的适用国家和商品条目

实施时间	适用国家和数目	适用农产品条目数/总条目数/比率	备注
2005.1.1	非洲 25 国*	44/190/0.2316	
2006.1.1	原产于乌干达的"未浸除咖啡碱的已焙炒咖啡"(税号 09012100)实施进口特惠零关税		
2007.1.1	非洲 25 国加上安哥拉、塞内加尔和赤道几内亚 3 国 28	50/200/0.25	
2007.7.1	非洲 25 国加上乍得和索马里,删除了刚果民主共和国 26 乍得共和国和索马里联邦共和国可同时享受 2007.1.1. 的对华出口商品零关税的特惠待遇	25/254/0.0984	
2008.1.1	对原产于贝宁共和国等 30 个非洲最不发达国家的部分商品继续实施特惠税率,其中扩大了安哥拉共和国对华出口零关税商品范围	n.a.	附件(略)
2008.7.1	马拉维	75/466/0.1609	
2008.10.1	科摩罗联盟、刚果民主共和国	25/258/0.0968	
2009.1.1	塞内加尔	25/258/0/0968	
2009.1.1	埃塞俄比亚等非洲 31 国的部分税目商品实施特惠税率	n.a.	文件损坏
2010.1.1	非洲 25 国加上安哥拉共和国、赤道几内亚共和国、马拉维共和国、塞内加尔共和国、索马里联邦共和国、乍得共和国等 6 国 31	76/486/0.1564	

续表

实施时间	适用国家和数目	适用农产品条目数/总条目数/比率	备注
2010.7.1	非洲 25 国删除佛得角共和国和尼日尔共和国 2 国,加上赤道几内亚共和国、马拉维共和国、乍得共和国 3 国 26	783/4762/0.1644	完成了换文手续
2010.7.1	安哥拉共和国、佛得角共和国、尼日尔共和国、塞内加尔共和国、索马里联邦共和国 5	原"非洲 31 国"特惠措施	
2011.1.1	苏丹等非洲 30 国**的部分税目商品实施特惠税率	n.a.	删除国家:佛得角
2012.1.1	苏丹等非洲 30 国的部分税目商品实施特惠税率	940/5004/0.1878	
2013.1.1	苏丹等非洲 30 国的部分税目商品实施特惠税率	823/4312/0.1909	

注:* 非洲 25 国是指首批免关税的 25 个非洲国家:贝宁共和国、布隆迪共和国、佛得角共和国、中非共和国、科摩罗联盟、刚果民主共和国、吉布提共和国、厄立特里亚国、埃塞俄比亚联邦民主共和国、几内亚共和国、几内亚比绍共和国、莱索托王国、利比里亚共和国、马达加斯加共和国、马里共和国、毛里塔尼亚伊斯兰共和国、莫桑比克共和国、尼日尔共和国、卢旺达共和国、塞拉利昂共和国、苏丹共和国、坦桑尼亚联合共和国、多哥共和国、乌干达共和国、赞比亚共和国。** 苏丹等非洲 30 国是由以上非洲 25 国加上安哥拉共和国、赤道几内亚共和国、马拉维共和国、塞内加尔共和国、索马里联邦共和国、乍得共和国等 6 国并删除了佛得角组成的。资料来源:中国海关公告。n.a. 表示数据不可得。

从表 5 – 14 可以看出,中国实施免关税政策可以划分为三个阶段:第一个阶段是从 2005 年 1 月 1 日到 2007 年 7 月 1 日,是对非洲最不发达 25 个国家实施的第一批免关税商品,共 190 个税目的商品,其中 44 条农产品税目。第二个阶段是 2007 年 7 月 1 日到 2010 年 7 月 1 日,中国给予非洲第二批免关税商品 254 个税目,其中 25 个农产品税目,受惠国家扩大到 31 个。这样,给予非洲最不发达国家的免税税目为 454 种,农产品 75 种。第三个阶段是 2010 年 7 月 1 日到现在,中国对非洲最不发达国家实施的免关税税目商品达到4762个,基本上占到对非洲最不发达国家对华出口商品的60%。

中国对非洲最不发达国家实行的零关税政策有两个特点:一是受惠国的稳定性,尤其是最近三年受惠国稳定在苏丹等30个非洲国家,原来的受惠国佛得角是个以旅游为主的国家,对中国的出口连续多年为零。二是零关税税目的商品数稳定中扩大,已经实施了零关税政策的商品在以后的免关税商品条目的扩大中仍保持不变。

(三)免关税政策经济效果分析

时间越久,免关税政策的效果越能显示得比较充分,根据第三部分的中国免关税政策的演变,本书选择首批免关税的25个非洲国家(以下称非洲25国)的190个商品税目中的44个农产品作为研究对象。由于数据的可获得性,本书研究此25个国家的44个农产品在2004—2009年对中国的出口额的变化。除非特别声明,以下本书所述的贸易额均指非洲25国对中国的出口额。数据来源于各期的中国海关统计年鉴。

1. 免关税政策效果的描述性分析

观察非洲25国的44种农产品在2004—2009年对中国的出口量的变化,可以发现有一半多的农产品在免税前后的出口额都很小,不少农产品的出口处于零星出现的状态,而且有10种农产品连续六年对中国的出口额为零。由于出口额很少,贸易的出现展现偶发性的特点,免关税政策对这类农产品的影响很小。

不过对于在免税前就已经有相当规模出口额的农产品在免税后出口额得到比较大的增长。最典型的例子是编码为12074090的其他芝麻。其他芝麻在2004年非洲25国对中国的出口额为0.26亿美元,2005年免税后增加到1.06亿美元,增加了4倍多。2005年免税后,非洲25国的44种农产品对中国的出口额从0.42亿美元增加到1.21亿美元,增加了几乎3倍,增加额为0.79亿美元。不过仅其他芝麻一项,出口额就增加了0.80亿美元,出口增加额比所有农产品的增加额还要多。即如果除去其他芝麻一项,别的农产品的出口额反倒是下降了。所以,虽然免税对非洲国家对中国的农产品出口额增加有正面影响,但是出口额的增加集中在极少数几个农产品上。

2. 免关税政策效果的计量分析

(1)农产品贸易的规模效应分析

从以上对免关税政策的描述性分析中可以看出,免关税政策对于具有不同规模贸易额的农产品的影响是不同的。中非路途遥远,运输成本高昂。虽然免除关税使中非贸易有价格优势,但高昂的运输成本要求中非贸易具有规模效益。为了更准确地分析免关税政策对贸易额的影响,首先需要识别出其中的规模效应,然后得出免关税政策对不同规模的商品的具体影响。

为了识别和界定规模效应,这里把免税前的 2004 年的各商品的出口额作为解释变量,把免税后的 2005 年到 2009 年的出口额的平均值作为被解释变量 y。利用最小二乘法回归,结果如下:

$$y = 1.72x - 2.61 \times 10^{-4}x^2 + 1.71 \times 10^{-8}x^3 \tag{1}$$

(4.8654)　　(-2.7783)　　(5.4513)

(0.0001)　(0.0116)　　　(0.0000)

$R^2 = 0.9995, \text{D. W.} = 1.72, \text{Prob}(\text{F} - \text{statistic}) = 0.0000$

下面给出回归方程的曲线图。

由此回归方程可以看出,免税后的出口额随着免税前的出口额的增长而增长,不过根据免税前出口额的数额的不同而产出增长的速度不同。开始阶段增长速度渐缓,而后增长速度渐增,转折点在 $x = 5088$ 千美元,当免税前的出口额小于 5088 千美元时,函数值增长的速度在减少,当免税前的出口额超过 5088 千美元后,函数值增长的速度越来越快。

为了界定由贸易额所展现出来的规模对于贸易额增长的影响,定义某商品 i 的规模效应值为 gm_i

$$gm_i = \left[(0.72x - 2.62E - 04x^2 + 1.71E - 8x^3)/500 \right], [\ ] 表示四舍五$$

入取整数 $\tag{2}$

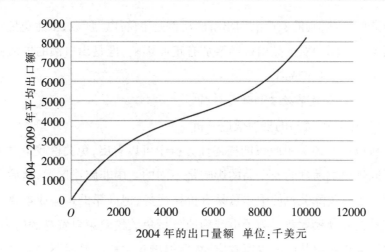

图 5 - 3   免税后非洲 25 国对中国的出口额关于
免税前出口额的函数图形

(2)免关税政策效果的计量分析

有了规模效应值,利用得到的 44 种商品 2004 - 2009 年贸易额的面板数据,我们来计量免税政策对不同规模商品的贸易额增长的影响。假设 $qu_{it}, i = 1,2 \cdots 44, t = 2004,2005, \cdots 2009$ 表示非洲 25 国的 i 种商品在 t 年对中国的出口量,其中商品的顺序按照海关的编码顺序。gs_{it} 表示非洲 25 国的 i 种商品在 t 年对中国出口的关税率,2004 年的税率按照最惠国待遇的关税税率,2005 年到 2009 年的税率为 0。除了免关税政策对贸易额的增加有促进作用,出口国出口能力的增强也是重要的影响因素,本书把非洲 25 国的经济规模 $gdp_t, t = 2004, \cdots, 2009$,带入模型,数据来源于世界银行发展指标,单位:十亿美元。由于本书把非洲 25 国看作是一个整体,所以不需考虑距离因素。建立面板数据的固定效应模型为

$$qu_{it} = c_i + \beta_1 gs_{it} + \beta_2 gs_{it} \times gm_i + \beta_3 gdp_t + \varepsilon_{it}$$

其中,c_i 表示商品 i 的固定效应截距值,即在免关税的政策下,由比较优势等不变因素所决定的贸易额。β_1 表示规模效应值为 0 时关税效应的系数,β_2 表示免关税对不同规模商品贸易额增长的边际效应值,β_3

表示非洲 25 国经济规模 gdp 的增加对贸易额增加的边际效应值。ε_{it} 表示随机变量,其中包括其他市场产品的价格信息等。

利用 2004 年到 2009 年中国海关统计年鉴的中国对非洲 25 国进口的贸易额数据(单位是:千美元),回归结果如下

$$qu_{it} = 488.32 + 108.62gs_{it} - 49.97gs_{it} \times gm_i + 216.82gdp_t \qquad (3)$$
$$(0.1314)(0.5597) \quad (-10.6665) \qquad (1.0224)$$
$$(0.8956)(0.5763) \quad (0.0000) \qquad (0.3077)$$

调整的 $R^2 = 0.7766$, D. W. $= 2.1149$, $\mathrm{Prob(F-statistic)} = 0.0000$

回归结果的各系数符号基本符合预期。由比较优势等不变因素决定的 44 种农产品的平均出口额为 448.32 千美元,同时也可以得到每种农产品的由比较优势等不变因素决定的出口额(见附表 1)。再来看规模效应值为 0 时关税效应的回归系数值 β_1,系数是 108.62,对于规模效应为 0 的商品,免关税对于贸易额的增长的影响是正的,不过不显著。这不难理解,因为贸易额很小的商品的贸易呈现偶发性的特点,免关税政策对其几乎没什么影响。而对于有相当规模贸易额的商品,免关税政策影响显著,正如系数 β_2 所显示的一样。关税每下降一个百分点,单位规模效应值的贸易额增长量为 49.97 千美元。非洲 25 国经济规模的增长对其出口额的增长有正向作用,每单位 gdp 的增加(单位十亿美元)会增加出口额 216.82 千美元,不过影响也不显著。从结果可以看出,对于有一定规模的商品,免关税政策对其出口的增加起到了决定的作用。比如对于商品其他芝麻,2004 年的出口额为 25902 千美元,由公式(1)(2)得到规模效应值为 281。再由公式(3)可知,关税每下降一个百分点,该商品的贸易额会增加约 $49.97 \times 281 = 14041.57$ 千美元。由本书的结果可以大致推断出实行免关税政策后任一商品的出口额的变化,可以用于指导以后免关税商品的选择。

中国对非洲最不发达国家实施部分商品的免关税政策,主要是为了增加这些国家对中国的出口能力。不过从结果可以看出,免关税政策只是对有规模的商品的出口额的增加起到了显著的促进作用。这主要的原

因为一是中非路途遥远,运输成本较高,免关税政策对于数量较少的商品的收益的影响不大。二是在免关税前就已经有规模的商品,它的运输和经销渠道都已经建立,当价格优势体现的时候,价格优势能较迅速地反映在出口额的增长上。而对于较小规模的商品,对免关税政策的反映或许需要较长的时间。而且免关税政策对于不同规模的商品的出口额的增长率是不同的,从公式(2)可以看出来,免关税政策对于出口额的增长率随着免税前出口额规模的增加而加速增加。反过来,如果提高关税的水平,贸易额较大的商品所受的冲击比贸易额较小的商品要大,本模型也可以用于关税提高的情景。

这些国家的经济规模的增长对出口额的增加影响不显著,这主要是因为这些国家的经济规模总量虽然增加了,不过其农产品出口额在 GDP 的比重却降低了(见表 5 - 15),而且非洲 25 国对中国的农产品出口在其农产品出口总额中所占比重较小,出口能力的增强在对中国的农产品贸易数量上的体现有限。

表 5 - 15　非洲 25 国对中国的农产品出口额及在
其农产品出口总额中的比重

年份	2004	2005	2006	2007	2008	2009
农产品总出口额	3.93E + 09	4.25E + 09	4.23E + 09	5.01E + 09	6.29E + 09	5.85E + 09
对中国的农产品出口额	1.76E + 08	3.04E + 08	2.8E + 08	2.02E + 08	2.27E + 08	4.38E + 08
农产品对中国的出口额/农产品总出口额	4.47%	7.17%	6.63%	4.04%	3.60%	7.49%
非洲 25 国 GDP	1.05E + 11	1.21E + 11	1.43E + 11	1.74E + 11	2.1E + 11	2.15E + 11
农产品出口与 GDP 的比重	3.76%	3.52%	2.95%	2.89%	2.99%	2.72%

数据来源:非洲 25 国 GDP 数据来源于世界银行发展指标,农产品贸易数据来源于联合国商品贸易统计数据库(Uncomtrade),单位:现价美元。

由此可见,在本书的研究时间期间内(2004 年到 2009 年),非洲 25 国对中国的农产品出口的增长主要源于中国对非洲 25 国实施的免关税政策。国际贸易理论集中于解释国际贸易的原因、结构和结果(佟家栋, 2000)[①]。对国家间贸易量的解释上,使用较广泛的是引力模型,不过引力模型由于缺乏坚实的理论基础,其作为政策分析工具的功能经常受到质疑(史朝兴等,2005)[②]。本书在借鉴引力模型的基础上,给出了关税和规模收益对于贸易量增长的交互作用,免关税的实施对贸易量的增长主要来源于规模较大的商品出口的增长。同样的,免关税政策的实施对于出口量较小的国家的出口量的增长影响有限,这不利于中非间贸易的平衡。对于计量模型(3)变量选择的内生性问题,解释变量关税 gs 的实施可以看作外生变量;规模效应值 gm 是实施免关税政策前出口量 x 的函数;非洲 25 国的 GDP 会因为农产品出口的增加而增加,产生内生性的问题,不过从表 3 可以看出,农产品出口额占 GDP 比重很小,而且在本书的分析中,具体到海关某一个条目商品的出口量,其出口量的增加对于国家 GDP 的贡献非常有限。所以计量模型(3)的变量选择的内生性问题对模型回归结果的影响不大。本模型重在模拟中国实施的免税政策对农产品出口额的变化,由回归结果看,模拟效果较好,调整后的拟合优度达到了 0.7766。

3. 免关税政策效果的整体分析

从以上分析可以看出,对于刚开始实行免关税政策的商品条目,关税的降低会增加出口额。不过增加的出口额只是集中在极少数的商品上,很多商品规模效应低,出口额很少,关税的效应并不显著。从 2010 年开始,中国对非洲最不发达国家实施的免关税税目商品达到 4762 个,以后三年大体维持在这个水平,基本上占到对非洲最不发达国家对华出口商品的 60%。这样允许我们从总体上分析免关税政策的效果。这里通过

---

① 佟家栋:《国际贸易理论的发展及其阶段划分》,载《世界经济文汇》2000 年第 6 期。

② 史朝兴、顾海英、秦向东:《引力模型在国际贸易中应用的理论基础研究练述》,载《南开经济评论》2005 年第 2 期。

非洲25国对中国商品出口额的增长和此出口额与非洲的总出口额的比较来分析。

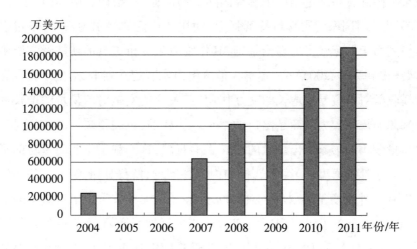

图5-4   非洲25国对中国的出口额2004—2011

数据来源:中国统计年鉴,单位:万美元。

表5-16   非洲25国对中国的出口额占非洲对中国总出口额的比例

2004	2005	2006	2007	2008	2009	2010	2011
15.98%	17.57%	12.74%	17.53%	18.22%	20.47%	21.13%	20.15%

数据来源:中国统计年鉴。

从图5-4可以看出,由于中国实施的对非洲25国的免关税政策,非洲25国对中国的出口额稳定中不断增加,不过正如上文中的分析,关税效应刚开始并没有非常显著地体现出来。随着中国的免税商品条目的不断增加,非洲25国对中国的出口额的增长率也在不断增加。2010年之后,随着中国免关税商品条目的大幅度增加,非洲25国对中国的出口额得到快速的增长,2010年比2009年的出口额增加了59.83%,2011年比2010年的出口额增加了32.52%。从表5-16可以看出,非洲25国对中国的出口额在非洲对中国的总出口额的比重不断增加,说明非洲25国对中国的出口额的增加幅度高于非洲其他国家。

免关税政策是否能缓解中非贸易的不平衡问题呢? 本书以 2004 年和 2011 年非洲 25 国与中国的双边贸易进行比较,见表 5 – 17。可以看出,免关税政策虽然对于增加非洲最不发达国家对中国的出口起到了促进作用,贸易差额与出口额的比率从 2004 年的 – 0. 2777 下降到 2011 年的 – 0. 0549。但是正如在前面分析的那样,免关税政策对少数的已经具有出口规模的商品具有比较大的促进作用,而这些已经具有出口规模的商品也主要分布在免税前与中国的贸易额比较大的国家,顺差国家贸易差额与出口额的比率从 0. 539 增长到 0. 771。而对于与中国的出口额很小的国家,免关税政策影响很小,与中国贸易逆差的国家,贸易差额与出口额的比率从 2004 年的 – 4. 629 扩大到 2011 年的 – 8. 369,不平衡问题进一步扩大。

表 5 – 17　免关税政策对非洲与中国贸易的不平衡的影响

		国家数量	出口额	贸易差额	贸易差额与出口额比率
2004 年	非洲 25 国	25	250070. 2	– 69451. 3	– 0. 27773
	顺差	6	210559. 3	113445. 6	0. 538782
	逆差	19	39510. 9	– 182897	– 4. 62902
2011 年	非洲 25 国	25	1878946	– 103151	– 0. 0549
	顺差	6	1709069	1318487	0. 771465
	逆差	19	169876. 7	– 1421637	– 8. 36864

数据来源:中国统计年鉴,单位万美元。

(四)中国对非实施免关税政策效果的分析结论和建议

非洲最不发达国家经济实力不强,出口能力弱,对每一个国家来说,能实现较大规模对中国出口的商品种类非常有限。中国在免关税商品条目的制定中应该优先选择非洲国家比较优势明显且已经具有相当出口规模的商品(尤其是免税前的出口额超过了 5088 千美元的商品)进行免税,或者通过大规模的扩展免关税的商品条目的数量。实际上,中国两种方法都在实行,一方面大规模地扩大免关税产品的种类,另一方面优先对出口额已经有相当规模的商品实行免关税政策。2010 年以后非洲 25 国对中国的出口额的快速增长也体现出中非贸易的互补性较强。

如果 2010 年之后的三年内,中国政府逐步给予非洲所有与中国建交的最不发达国家 95% 的产品免关税待遇,可以预期非洲这些国家对中国的出口额会得到更快的增长。免关税政策对增强这些国家的出口能力,促进这些国家的发展会起到更大的作用。不过免关税政策对出口能力比较弱的国家的出口促进作用有限。

由于受经济能力的制约,中国在以往同非洲国家的贸易往来过程中过多地侧重于发展同那些经济发展水平较高和资源较丰富的国家经济贸易联系,这不利于中非贸易未来的全面发展。中国给予免关税市场准入的 25 个非洲国家里,除苏丹和刚果外均不是中非双边贸易大国,但随着中国与这些国家贸易活动的不断发展,必将促进我国同这些国家经贸合作关系的进一步发展,这有利于发展和巩固稳定、持久的中非贸易伙伴关系。

四、本章小结

中非农产品贸易是中非农业合作的有机组成部分。21 世纪以来,中非农产品贸易额得到了迅速的发展,中国对非洲农产品出口额的增长快于中国从非洲的农产品进口额的增长,中非农产品贸易顺差有不断扩大的趋势。不过中非农产品贸易在中非农产品贸易中的地位并没有显著的变化。中非农产品贸易额在中国农产品贸易总额中所占比重不到 3%,在非洲国家农产品贸易总额中所占的比重也不到 3%。中非农产品贸易在中非贸易总额中所占的比重有不断下降的趋势,中非农产品贸易逐渐落后于中非其他领域商品的贸易。

为了准确把握中非农产品贸易存在的问题,本章第一节分析了中非农产品贸易额增长的来源农产品和来源国家。分析结果表明,不管是出口和进口,中非农产品贸易额增长的来源农产品和来源国家都非常有限,中非农产品贸易额增长的基础薄弱。

第二节接着分析中非农产品的比较优势和中非农产品贸易在双方对外农产品贸易中的地位。结果表明,不管是从农产品种类的角度还是从国家的角度,中非农产品贸易具有正的比较优势值的都不多。总体上讲,中非农产品贸易的比较优势值都为负值,并且负值有明显不断扩大的趋势。

综合前两节的分析,中国从非洲进口和出口的主要农产品种类并不一致,说明中非农产品贸易有互补性。中国从非洲进口的农产品主要来自于非洲传统的农业国家(如埃塞俄比亚、南非),而中国对非洲的农产品出口主要出口到非洲矿产资源丰富和经济较发达的国家(南非、尼日利亚、埃及等)。非洲国家经济的多样性使得中非农产品贸易有很大的发展空间。非洲经济较发达国家的经济增长增加了对中国农产品的需求,不过非洲国家的农产品出口集中在传统的农业国家,经济依然较落后,出口能力依然较弱。为了增加非洲国家的农产品出口能力,中国从2005年开始对非洲最不发达国家的部分进口商品实施了免关税政策。

本章第三节分析了免关税政策的实施对中非农产品贸易增长的效果。研究发现,免关税政策只对非洲最不发达国家对中国出口的少数商品出口额的增长具有明显的促进作用。这些商品主要是非洲国家具有比较优势且对中国出口量已具有规模的初级农产品,而对于出口量不大的商品的贸易促进作用有限。免关税政策对于增加非洲最不发达国家对中国的出口起到了积极的作用,不过对出口额很小的国家的影响有限。

免关税政策增加了非洲国家对中国的农产品出口能力,不过非洲国家农产品的出口能力的增强主要还在于其农业生产技术水平的提高。这需要中国为非洲农业技术提高提供更多帮助以及中国农业企业对非洲进行更多投资。

第六章　中非农业合作各模式的
协调和促进

　　前三章就中非农业合作的三个主要模式,中国对非洲的农业技术传递,中国对农业非洲直接投资和中非农产品贸易,分别进行了分析,分析了其发展的历史现状、存在的问题和相应的对策。不过这三个主要方面并不是孤立的,而是相互紧密联系的整体。本章分析中非农业合作各模式的相互联系、协调和促进。

一、中国对非洲的农业技术传递与中国
在非农业投资的相互促进

(一)中国对非洲的农业技术传递对中国直接投资非洲农业的促进

　　中国拥有丰富的农业技术,而非洲农业生产技术水平极其落后,为了提高非洲国家的农业生产技术水平,中国对非洲进行农业技术传递就成了中非农业合作优先发展的领域。中国对非洲的农业技术传递历经发展,已发展成形式多样、内容丰富的领域。中国对非洲的农业技术传递为以后的中国对非洲农业投资打下了良好的基础,其对中国农业投资的促进作用主要体现在几个方面。

1. 中国在 20 世纪为非洲无偿援建了大量的农场、农业技术示范站和推广站

虽然这些项目缺乏可持续性,对非洲的技术扩散效果有限,不过通过这些项目的援建,中方人员的无私奉献精神和吃苦耐劳的作风,以及中国农业技术的展示,使中非国家间建立了深厚的友谊,也使非洲国家对于中非农业合作有了更多的期待,这为今后非洲国家欢迎中国的农业投资创造了条件。

2. 中国援建的农场为中国农业投资提供了机遇

中国援建的农场意在利用规模经营和先进农业技术和农业机械的使用,来提高农业生产力。不过由于非洲国家普遍缺乏管理能力,农场在中方移交之后开始走下坡路。为了实现农场的可持续发展,中国引进了农业企业与非洲国家进行合资合作共同经营农场,或者完全由中国农业企业承包农场,这些农场产生的利润可以再进行投资。这种模式的采用降低了中国直接投资的风险,带动了中国对非洲的农业投资。

3. 中国的农业技术传递为农业投资的"本地化"提供了条件

由于农业投资周期长,收益慢,非洲国家土地的租赁期很长,中国的农业投资需要采取"本地化"战略。随着中国人力成本的上升,农业投资越来越需要使用当地的农民,需要当地农民掌握中国的农业技术。中国为非洲援建农业技术推广和示范站,派遣农业技术专家,援建农业技术示范中心,为非洲培训技术人员等所进行的农业技术传递,使当地农户对中国的农业技术不断熟悉和掌握,为农业投资的本地化提供支持。不过因为中国的农业技术传递的效果非常有限,其对农业投资本地化的支持也非常有限,中国投资企业需要花大力气对农户进行农业技术培训。

4. 农业技术示范中心为农业投资提供支持平台

在第三章分析了中国援建的农业技术示范中心的多功能性,其中一个重要的功能是为农业企业"走出去"提供平台。农业技术示范中心是在国家的支持下实行了企业化管理。农业技术示范中心可以为有投资意向的农业企业提供拟投资国的基本信息,可以为企业进行实地考察和办

理各种手续提供支持,为企业拟投资的农业项目进行先期的技术试验,可以为企业提供试验基地。据了解,农业技术示范中心通过提供的技术支持,可以为在非洲投资的中国企业节省一年的盈利时间。

5. 中国不断增加接收的非洲留学生数量为中国农业投资企业提供人才储备

近年来,中国为非洲留学生提供的奖学金名额不断增加,来中国留学的非洲学生越来越多。这些非洲留学生在中国的几年时间里学习中国的语言,熟悉中国的文化。等他们毕业回国后,中国在非洲投资的企业也是其就业的选择。这些留学生会成为中非农业合作的重要中介,在加强中非双方的沟通和合作,增强双方的不断信任,减少不必要的误解和摩擦方面会起到越来越重要的作用。即使其不在中国企业工作,在非洲其他部门工作,也能增强中非双方的相互理解和信任,为中国在非洲的农业投资营造良好的环境。

(二)中国在非洲的农业投资对中国农业技术传递的促进作用

中国对非洲的农业技术传递和中国农业投资是紧密联系的,除了以上所说的农业技术传递对中国农业投资的促进作用之外,中国在非洲的农业投资对农业技术传递有重要的反作用。

1. 中国农业企业的投资为中国的援助项目引入了企业化管理,保证了中国援助项目发展的持续性,增进了农业技术传递的效果

由第三章的对埃塞俄比亚的农业技术分析知道,虽然中非农业拥有近似的农业生产组织形式,不过中非农业技术的差距还是较大,并且农业生产技术和农民的生产和生活习惯密切相关,所以非洲农民不断采纳中国的农业技术,也需要不断调整其生产、生活习惯。中国农业技术在非洲的推广必然会是非常漫长的过程。以前的纯援助项目一般都经历了"上马快,下马也快"的过程,所担负的农业技术传递任务效果极其有限。中国农业企业投资于援助项目,不仅扩大了援助资金来源,而且项目由企业自负盈亏,解决了援助项目的可持续发展问题。项目长时期的运营对非

洲国家农户的农业技术示范和扩散作用开始显现。

例如湖北省援建刚果民主共和国[简称刚果(金)]的恩基利项目从1973年开始,在国家终止项目补贴后,自负盈亏,但受限于市场销售的规模,难以发展壮大。目前项目面积只有11公顷,但是项目能保证不亏损,实现可持续。此项目至今已经有40年的历史,带动了周围不少农民学习模仿中国的农业生产技术。

新近援建的农业技术示范中心的可持续发展也需要中国农业企业的投资。农业技术示范中心的建设费用由国家出,但其每年的运营费用并不是太多,运营费用的使用还受到国内母公司的限制,而且运营费用国家只提供三年。非洲国家的土地资源虽然丰富,土壤和气候适合农业的发展,不过其农业发展的基础非常薄弱,土地需要耕翻和平整,农田基础设施需要修建,农业机械需要购买。所以农业技术示范中心的可持续发展尤其是前期的建设阶段,需要更多的资金投入。农业技术示范中心一方面可以通过为农业投资企业提供技术服务收取合理费用,另一方面可以引进企业进行农业技术示范中心的合作开发。这样农业技术示范中心扩宽了资金渠道,赢取了宝贵的时间,为自身的可持续发展提供动力。

2. 中国农业投资企业的本地化间接促进了中国农业技术传递

中国农业投资企业不仅投资于中国的援助项目,而且直接投资于非洲农业生产性项目。投资企业除了中国员工,还需要招募大量的当地工人。这一方面为非洲工人提供了就业机会,改善其生活水平,另一方面使非洲工人学习中国技术,包括基建技术、农业机械技术和农业田间生产技术,间接促进了中国农业技术的推广。

例如中国A公司集团在莫桑比克的农业投资项目,承包土地30万亩,雇佣当地工人1000多人,围绕水稻的种植与加工,初步形成了仓储、物流运输、农技服务、农机服务、机械修理、土地开荒、水利建设、建材、建筑工程设计、后勤服务等相对完整的产业体系。这会提高当地工人的技能水平并积累其农业管理经验。另外,以30万亩农田为核心,A公司计划在周围辐射当地农户到150万亩,所以A公司为当地的承包农户提供技术培训服务。A 公司还为当地农村援建了学校,满足当地农户的需要。这些措施都直接或间接推动了中国农业技术在当地的扩散和推广,为今后 A 公司在当地的长时期发展打下基础。

3. 中国农业直接投资所带动资本品的输出间接带动了中国农业技术的扩散

投资带动了相关的知识、技术密集型设备的输出,并且中国农业企业所生产的高质量产品为当地农业企业具有示范作用。先进农业设备和高质量的产品作为资本化的技术,逐渐被非洲当地企业和农户所熟悉和采用。

二、中国在非农业投资与中非农产品贸易的相互促进

(一) 中国在非农业投资对中非农产品贸易的促进

作为一国企业参与国际市场的两种重要途径,对外直接投资和国际贸易具有密切的联系,不过两者是"替代"关系还是"互补"关系还存在争议,要根据具体情况而定。认为投资对贸易有"替代"作用的学者认为,当运输成本和贸易壁垒等交易成本过高,且超过了产业集聚所带来的收益时,企业就会选择对外直接投资,直接投资能获得接近市场的优势,投资对贸易就有"替代"作用。认为投资对贸易有"互补"作用的学者认为,当两国的要素禀赋或技术水平存在显著差异时,两国就会根据自身的要素禀赋和技术水平形成专业分工,对外投资会进一步强化国际分工,进而创造和扩大产业间贸易。

中国在非农业投资是属于第二种情况,非洲国家农业资源丰富,而中国人多地少,农产品需求旺盛。而且从第二章和第三章的分析来看,中国对非洲的农业投资主要集中于非洲传统的农业国家,中国农产品的出口也主要来源于这些国家,而中国农产品主要出口于非洲经济较发达的多样性经济的国家和石油出口型经济的国家,所以中国在非的农业投资是

属于资源寻求型的投资,而不是市场寻求型。中国在非农业投资对中非农产品贸易起促进作用。主要体现在两个方面。

1. 中国的农业投资直接提升了非洲国家的农产品生产能力

非洲国家的土地资源、适宜的气候和肥沃的土壤,再加上中国的农业技术和管理经验,中国在非投资企业大大提升了非洲国家的农产品生产能力。另外中国投资企业对当地农户的培训,学习中国的农耕文化,增强其学习农业技术水平的自觉性和主动性,实现其不断提高农业生产水平的内生动力。比如 A 公司集团目前的投资规模,基本上可以满足莫桑比克进口大米的需要,可以基本实现大米的自给。随着投资规模的扩大,加上对当地农户的带动作用,莫桑比克国内的大米可以实现出口,出口到其他非洲国家、欧美国家,或者出口到中国。

2. 中国的农业投资提高了非洲国家农民的生活水平,增强其农产品需求

农产品需求水平与其国家的经济发展水平密切相关,中国对非洲农产品的出口主要集中于经济较发达的国家,而落后的农业国家进口中国的农产品较少。通过雇佣劳动、技术输出、上交税赋等方式,中国在农业国家的投资可以促进其经济发展,提高农民的生活水平,增强其农产品需求。中国的农业投资为当地农户提供的农产品种类单一,这是由规模生产和国际分工决定的,不过所增强的农产品需求的种类广泛。这些国家会不断增加对中国有比较优势的农产品的进口,比如蔬菜、水果和茶叶等劳动密集型农产品。

(二)中非农产品贸易对中国在非洲投资的促进作用

如上所述,基于国家间资源禀赋和技术差异形成的国际分工所引起的投资是贸易促进型的,反过来也是如此。国际分工所引起的投资目的不是为了接近市场,而是利用当地的相对廉价的资源禀赋和技术水平,所生产的商品也主要是为了出口。比如国际上对非洲矿产资源的投资利用的是非洲丰富的矿产资源,中国改革开放初期对中国制造业的投资利用

的是中国廉价的劳动力。这种情景下,投资和贸易是相辅相成、相互促进的,贸易保证了投资的收益,投资扩大了贸易的规模。

上一小节的分析表明中国对非洲的农业投资是贸易促进型的,同样反过来,中非农产品贸易对中国对非农业投资也是有重要的促进作用。主要体现在两个方面。

1. 中非农产品贸易保证了投资的收益,促进中国农业企业积极投资于中国需求量大的农产品

随着中国经济的发展,对农产品的需求大幅增加,而且对农产品的质量要求不断提高,紧缺农产品价格不断攀升。中国农业资源相对缺乏的短板体现得越来越明显。非洲的农业资源丰富,而且自然环境较好,病虫害较少,作物所需要的化肥量和农药量少,在非洲所生产的农产品绿色无污染,质量较高。在非洲投资的农业企业的产品出口到中国会得到丰厚的收益。目前非洲国家的出口能力弱,加上中非路途遥远,非洲大部分农产品出口到欧美国家,不过中国强劲的需求会越来越显示对中国农业投资的促进作用。

2. 中非农产品贸易会促使中国农业企业积极投资于非洲拥有比较优势的产业

非洲对中国出口较多的农产品主要有棉花、可可、咖啡、烟草等农产品。中国对这些农产品需求较高,尤其是棉花,非洲棉花出口对中国市场的依赖度很高。因为非洲国家对这些经济作物的出口管制较松,中非农产品贸易会促进中国农业企业投资于这些农产品的生产,通过出口中国创造收益。例如中非发展基金与青岛瑞昌、青岛汇富合作在马拉维、莫桑比克、赞比亚等国开展的棉花种植加工项目,总投资约3500万美元,采用"公司+农户"模式,2011年累计收购棉花4.5万吨,带动三国约11万农户、60多万农民增收。其中,中非棉业在马拉维投资的农业项目,项目总投资1900万美元;中非棉业赞比亚分公司是集棉花种植、加工、销售以及棉油提炼为一体的大型企业,拥有2个棉花加工厂,年生产加工能力57000吨。棉业的中非贸易使中国的投资项目从一开始就实现规模化

生产。

三、中国对非洲的农业技术传递与中非
农产品贸易的相互促进

(一) 中国对非洲的农业技术传递对中非农产品贸易的促进

以上两节分别分析了中国对非洲的农业技术传递与中国在非洲的农业投资的相互促进和中国在非洲的农业投资与中非农产品贸易间的相互促进。所以中国对非洲的农业技术传递与中非农产品贸易也存在间接的相互促进,即通过促进中国农业企业的投资,中国对非洲的农业技术传递对中非农产品贸易存在促进作用;反过来中非农产品贸易通过促进中国农业企业的投资间接促进了中国对非洲的农业技术传递。另外中国对非洲的农业技术传递对中非农产品贸易也存在直接的促进作用,主要表现在两个方面。

1. 中国对非洲的农业技术传递通过提高非洲国家的农业生产技术水平,提高其出口能力,增进其对中国的农产品出口

中国对非洲形式多样的技术传递工作可以提高非洲国家农业生产技术水平,提高其农业生产规划和管理能力,增强农产品出口能力,尤其是在非洲传统的农业国家。不过由于中非国家间农业管理能力、管理体系以及技术水平的差异,中国对非洲的农业技术传递的效果还不明显,不过随着中非农业合作的深入开展,中国对非洲的农业技术传递会占有越来越重要的位置。

2. 中国在非洲的农业技术示范增加非洲农民对中国农产品的需求

中国对非洲的农业投资还处于起步阶段,在不少非洲国家中国的农业投资还较少,非洲居民对中国农业的了解还主要是通过中国援助的技术推广和示范项目,比如目前已经确定在非洲 20 个国家建立农业技术示范中心。由于地理环境、历史文化和传统生活习惯的影响,中国和非洲居

民日常消费的农产品存在不小差异。比如在埃塞俄比亚当地农户所消费的农产品种类非常有限,中国很多的蔬菜和水果他们是不吃的,需求很小。所以中国对非洲的技术援助项目通过中国农产品的展示,让当地民众熟悉中国的农产品并逐渐改变其生活习惯,将中国传统的农产品作为其日常消费的农产品种类。这样非洲国家会增加对中国农产品的需求,尤其是产量高、价格便宜的农产品,增加对中国农产品的进口,不过这也会是比较漫长的过程。

(二) 中非农产品贸易对中国在非洲的农业技术传递的促进

中非农产品贸易除了通过促进中国农业企业的投资而间接促进中国对非洲的农业技术传递之外,中非农产品贸易对中国在非洲的农业技术传递还有直接的促进作用,主要表现在两个方面。

1. 中非农产品贸易会加大非洲国家对农产品技术的需求

中国不断扩大的农产品市场能保证非洲国家农产品的出口收益,增强非洲国家对农产品高产优质技术的需求。尤其是非洲国家具有比较优势的农产品,比如上面提到的中非棉业在非洲的棉花投资项目,带动了非洲11万农户学习棉花种植技术。

2. 农产品贸易中的技术输出作用增强非洲国家对中国农业技术的需求

国际贸易是技术输出的重要方式。一般来说,由于商品中包含了相关的技术信息,通过商品的进出口,参与国可以分享科技开发的成果。商品作为物化的技术,拥有技术溢出效应。中国农产品通过贸易流入非洲国家市场,因为其物美价廉,可观的收益会引起农业企业家或者有见识的农民对其是否能在当地种植的兴趣。尤其是中国拥有较强比较优势的农产品,如蔬菜、水果和茶叶等,更能激发非洲国家对其种植技术的需求。

四、中非农业合作各方面发展的协调和评价

以上对中非农业合作的三个主要模式,中国对非洲的农业技术传递,中国在非洲的农业直接投资和中非农产品贸易的相互促进作用进行了分析。分析结果见图6-1。中非农业合作这三个模式是相互促进、相互影响的,共同组成了中非农业合作的有机整体。

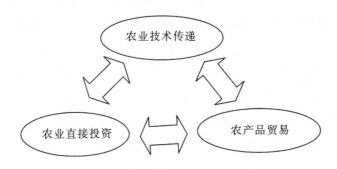

图6-1　中非农业合作各模式的相互促进

中国对非洲的农业技术传递是中非农业合作的重要组成部分,是中非农业合作得以长期稳定发展的基础和保障。中国农业发展成就举世瞩目,中国对非洲的农业技术传递,增强非洲农业技术传播和农民技术吸收能力,是中非农业合作的应有之义,也是非洲国家对中国农业的主要期待。即使中国在非洲的农业投资也要把对当地农户的技术培训作为自身的主要任务,让当地农户从中非农业合作中获得更大的利益,避免引起非洲国家民众对中国投资的反感。不过中国对非洲的技术援助既是中非农业合作的重点,也是难点。由于中非国家间农业各方面的差异,中国对非洲的农业技术传递虽然历经发展,形式多样,不过总体来说效果不是很明显。这主要是因为农业和农民的生活密切相关,农业技术的采用也往往要伴随着农民生活习惯的改变,这必然是一个长期的过程。所以中国对

非洲农业技术援助的各种形式都需要把可持续发展作为自己的必要任务,避免不可持续的项目。在现行的各种援助形式中,农业技术示范中心是个好思路,不过援建单位一定要把握好农业技术示范中心的功能定位。中国培训非洲留学生的项目,需要坚持并且项目不断扩大,这对于加强非洲国家间文化交流,促进中非农业合作的长远发展具有重要的意义。

中国对非洲的农业投资是中非农业合作的重要组成部分,是提升中非农业合作水平的重要手段。充分利用中非间互补的农业资源最好的方式就是中国对非洲的农业投资。中国对非洲的技术传递是个漫长的过程,而中国在非洲的农业投资却是个见效特别快的方法。中国在非洲的农业投资充分利用了中非双方的比较优势资源,中非双方从合作中也都会得到更大的利益。不过目前中国对非洲的农业投资还处于起步阶段,规模较小,中国应该实施更加优惠的政策促进中国农业企业在非洲的投资。中国的农业企业可以利用中非间已有的农业合作的平台,积极寻求到非洲投资的机会。在国家开发银行和中非发展基金等金融机构的推动下,中国在非洲的农业规模化投资会不断出现。中国在非洲的农业投资对农业技术传递的作用明显,其优势甚至超过了国家间的农业技术援助项目,而且农业投资对于中非农产品贸易也有重要的推动作用,所以农业投资在中非农业合作中会成为越来越重要的形式。不过在中国投资过程中,一定要确保非方的收益,妥善处理好与非洲的合作,推动中非农业合作向更高的水平迈进。

中非农产品贸易是中非农业合作的有机组成部分,对中国的农业技术传递和农业直接投资有重要的促进作用。目前,中非农产品贸易在中非贸易中所占比重很低,在各种的农产品贸易中所占比重也很低,这与中国对非洲的农业技术传递效果有限和中国对非洲的农业投资规模还不大相适应。中国可以进一步实施对非洲更加优惠的贸易政策。

中非农业合作潜力巨大,前景广阔。

五、本章小结

中非农业合作的三个主要模式,中国对非洲的农业技术传递,中国在非洲的农业直接投资和中非农产品贸易,并不是孤立的,而是相互促进、密切联系的,共同构成中非农业合作的有机整体。本章对这三个模式的相互促进进行了详细的阐述。中非农业合作的三个模式目前还都处于初始阶段,不过在今后的发展会通过相互促进共同推进中非农业合作向更高的层次发展。中非农业合作潜力巨大,前景广阔。

第七章　结论和展望

一、研究结论和建议

本书在前人研究的基础上,比较全面系统地分析了中非农业合作的模式、绩效、所面临的问题并提出了相应的对策。本书首先给出了中非农业合作的定义和模式,然后就中非农业合作的三个主要模式,中国对非洲的农业技术传递,中国在非洲的农业投资和中非农产品贸易的发展历史和现状、存在的问题进行了详尽分析,最后指出中非农业合作多模式之间是相互促进、密切联系的,共同组成了中非农业合作的有机整体。研究结论和建议主要有以下几点。

第一,中国对非洲的农业技术传递要结合非洲的实际进行。

中国农业技术传递的成功经验和成功的方法并不能无条件地照搬到非洲去,因为非洲农业发展的历史、发展水平以及配套设施、管理能力等方面都存在着明显的差异。在 20 世纪中后期中国对非洲技术援助项目的失败主要是因为中国的援助项目没有结合非洲的实际,技术传递毕竟需要双方共同的努力,中方要结合非洲国家的实际不断调动非洲国家农民采纳中国农业技术的积极性。

第二,中国对非洲的农业技术传递是一个长期的过程,中国的援助项目一定要注意自身的可持续发展。

在落后的国家农业关系到居民的生存,农业经过长期的演化已经与农户的各种传统习惯密切联系,课题组对埃塞俄比亚农业状况的调研显示当地农业与当地居民的传统生活习惯密切相关,农业技术的改变也需要农民的生活习惯进行改变。针对条播技术在当地扩散的影响因素分析,发现阻碍条播技术推广的主要原因是当地落后的农业生产技术水平。农业生产是包括土地平整、播种、施肥、灌溉、收割、运输、脱粒、晒干、存储、消费等各个环节的体系,改变其中一个环节会带来其他环节的不适应,所以中国技术在当地的扩散需要在农业生产的各个环节上做适应性调整。这就决定了中国对非洲的农业技术传递是一个长期的过程,中国的援助项目一定要将自身的可持续发展作为必要任务。

第三,中国援建的农业技术示范中心是很好的形式,不过援建单位要把握好示范中心的功能定位。

援建农业技术示范中心是中国技术援助的新形式,从2006年开始到现在已建设或准备建设了20座农业技术示范中心。农业技术示范中心吸取了以往技术援助项目失败的教训,采用了国家援助和企业化管理结合的方式,其不仅具有技术示范的作用,而且具有较复杂的多功能性。其功能主要有四个部分:农业技术的示范和培训、农业技术的试验、作为引入企业的平台和实现可持续发展。这四个功能密切联系,相互依赖,其中前两个功能是基础,带动中国企业"走出去"是推动力,可持续发展是保障。不过有些援建单位没有把握好示范中心的功能定位,造成了功能缺失。农业技术示范中心需要准确把握示范中心的功能定位,不断争取企业的自主权,积极开拓资金来源,积极协调地推进示范中心各功能的实现,也能继续为自身的发展争取到更大的空间。

第四,中国在非洲的农业投资还处于较低的水平,投资集中于处于转型期的国家和未转型的国家,农业投资是资源寻求型的。

中国在非洲的农业投资开始于中国农业企业与非洲国家合作开办农场,不过中国对非洲的农业投资发展缓慢,目前中国农业的投资额在中国对非洲投资中所占比重依然很低。中国在非洲开办农业企业的数量主要是在非洲处于转型期的国家和未转型的国家。这些国家的经济不发达，农业在国民经济中占有重要的地位，农业资源丰富。中国在非洲的农业投资是属于资源寻求型的。

第五，中国农业倾向投资外国投资存量不多和政治风险较大的国家。

对中国在非洲开办的农业企业数量进行影响因素分析，分析结果显示，中国倾向于在外国投资存量不多和政治风险较大的国家开办农业企业。这与中国倾向投资处于转型期的国家和未转型的国家相一致。这些国家由于经济不发达，吸引国外投资的环境还远远不够，政治风险较大，基础设施建设落后，市场体系不健全等投资环境较差。不过这些国家农业资源丰富，中国投资于这些国家也与中国的对外投资还处于起步阶段，投资企业还相对缺乏竞争力有关。国外投资存量不多说明国际竞争力不大，政治风险较大是因为中国的投资还是以国有投资为主，企业风险意识不够，这与其他很多研究相符合。中国的对外投资是在避开国际竞争，承担较大风险的过程中逐渐成长的。另外，影响因素分析还显示，中国倾向于在与东道国货币相比人民币相对价值高的国家开设农业企业，投资保护协定对于开设农业企业有正向的促进作用。

第六，中国农业投资企业面临着规避风险，与当地政府、当地企业、民众和雇工和谐共处等的困难。

中国在非的农业企业面临着政治风险、经济风险、自然风险和社会风险等各种风险。政治风险主要有直接的或间接的国有化与财产征用没收、战争或内乱带来的政治暴力风险和东道国的违约风险。经济风险主要是因为非洲国家农产品市场狭小而造成的农产品滞销所引起的经营困难。自然风险是各种自然灾害和疾病引起的企业损失。社会风险主要是中国企业经营与当地的陌生的法律和风俗习惯的不适应，与当地企业的竞争和与当地劳工的冲突所引起企业的损失。在非农业企业可以从信息收集和风险规避、投资模式的选择、当地员工的管理、农产品市场的开拓和加强国际交流和合作等方面规避以上风险，在与非方合作共赢中保证自身的可持续发展。

第七,中非农产品贸易额获得了较快的增长,不过增长的基础薄弱。

中非农产品贸易在 20 世纪之后获得了较快的增长,而且中国农产品对非出口额的增长速度快于进口额的增长速度,不过中非农产品贸易额在中非贸易额中所占的比重很小,而且有下降的趋势。通过对中非农产品贸易增长的来源分析,可以发现不管是进口还是出口,中非农产品贸易额增长集中在少数农产品种类和少数几个国家,大多数国家和大多数农产品的贸易额增长非常有限。中国从非洲农产品进口额增长的主要来源是菜籽油脂果实、棉花、可可及其制品和羊毛和动物毛等农产品;中国对非洲农产品出口额的增长主要集中在蔬菜、水果和鱼等水产品等农产品,中非农产品贸易属于产业间贸易。从来源国家看,中国农产品进口额增长的来源国家主要是南非、埃塞俄比亚、加纳、马里等非洲传统农业国家,中国农产品出口额增长的来源国家主要是南非、尼日利亚、埃及、摩洛哥和埃尔及利亚等经济较发达,人均收入较高的国家。中非农产品贸易增长的基础薄弱,不过非洲国家经济的多样性也展示了中非农产品贸易的巨大潜力。

第八,中非农产品贸易的比较优势不断下降。

在中国农产品进口市场上,非洲国家农产品的比较优势值为负值,显示非洲的农产品在中国不具有比较优势,并且负值的比较优势指数还具有不断扩大的趋势,这说明非洲国家对中国的农产品出口相对落后于其他地区对中国的农产品出口,也相对落后于非洲其他商品(比如矿产资源)对中国的出口。另一方面,在非洲国家农产品进口市场上,中国农产品的比较优势值也为负值,并且负值有不断扩大的趋势,不过最近几年扩大趋势在不断减缓。中非农产品贸易落后于其他领域间的商品贸易。

第九,免关税政策明显提高了非洲国家农产品对中国的出口,不过对不同商品和不同国家的影响有比较大的差异。

中国从非洲农产品进口主要集中在传统的农业国家,这些国家技术水平较落后,经济欠发达,出口能力弱。这也使得中国对非洲农产品出口的增长速度快于中国农产品的进口,中国和非洲国家间的贸易存在严重的不平衡。为了提高非洲最不发达国家的出口能力,中国对这些国家的部分进口商品实施了免关税政策。免关税政策对中非贸易增长效果的研究发现,免关税政策只对非洲最不发达国家对中国出口的少数商品出口额的增长具有明显的促进作用。这些商品主要是非洲国家具有比较优势且对中国出口量已具有规模的初级农产品,而对于出口量不大的商品的贸易促进作用有限。免关税政策对于增加非洲最不发达国家对中国的出口起到了积极的作用,不过对出口额很小的国家的影响有限,中非国家间贸易的不平衡问题依然存在。

第十,中非农业合作的各个模式之间是相互促进、密切联系的整体。

二、进一步研究的方向

本书是在查阅文献资料并进行了实地调研的基础上完成的,限于作者实地调研时间和空间的限制,本书并没有就中非农业合作的所有模式进行分析,而且在中国对非洲的农业技术传递的分析中,调研数据是来自埃塞俄比亚,有一定代表性,不过并不能完全代表整个非洲。因为这些限制,本书的研究希望起到抛砖引玉的作用,以后有更多这方面的研究出现。

第一,本书对中非农业合作的三个模式进行了分析,没有包含中国参与的多边国家合作对非洲农业的援助。

中国参与的针对非洲的多边农业合作也是中非农业合作的一部分,不过这个模式涉及完全不同的机制设计和不同国家间的协调,研究方法会与本书的研究有很大的不同,所以为了集中本书的研究,就没有包括此模式,不过希望有关此模式学术研究的出现。

第二,就中国对非洲的农业技术传递的模式,本书重点在于中国援助项目在非洲进行技术试验示范效果的分析,而没有包括农业技术传递的其他形式。

　　中国对非洲的技术传递包括了众多的形式,基于调研时间和空间的限制,本书并没有对每个形式都进行分析,没有包括的形式有中国援建农场,中国对非洲派遣农业专家,中国对非洲人员的培训,中国给非洲留学生提供奖学金等形式。

　　第三,本书重点考察了埃塞俄比亚的农业基本情况,就中埃农业技术传递提出了建议,希望今后有更多非洲国家的类似研究出现。

　　中国对非洲的农业技术传递需要考虑到非洲国家农业发展的实际,本书只是对埃塞俄比亚的农业进行了深入的调研,从调研中发现了中国对其进行技术传递的可能性和可行的方法。笔者希望今后有更多类似的其他非洲国家的农业发展状况的研究,尤其是与中国农业合作有较大潜力的国家。

　　第四,通过对中国在非洲的农业投资的分析,本书能获得的数据是中国对非洲的投资总额和中国在非洲的农业企业数量,而没有中国在非洲农业投资额的面板数据。

　　中国对非洲农业投资的面板数据还没有权威的数据来源可以使用,这就无法进行中国对非洲农业投资额的影响因素分析。另一方面中国对非洲农业投资对中非农产品贸易的促进作用也难以进行量化分析。这些都是值得进一步研究的方向。

参 考 文 献

1.［美］罗伯特·H·贝茨著,曹海军、唐吉洪译:《热带非洲的市场与国家:农业政策的政治基础》,吉林出版集团有限责任公司 2011 年版。

2.［美］罗伯特·H·贝茨著,刘骥、高飞译:《超越市场奇迹:肯尼亚农业发展的政治经济学》,吉林出版集团有限责任公司 2009 年版。

3. 李小云、齐顾波、唐丽霞、赵丽霞、勒乐山、郭占锋、武晋、詹姆斯·凯利:《小农为基础的农业发展:中国与非洲的比较分析》,社会科学文献出版社 2010 年版。

4. 吴兆契:《中国和非洲经济合作的理论与实践》,经济科学出版社 1993 年版。

5. 张永蓬:《国际发展合作与非洲——中国与西方援助非洲比较研究》,社会科学文献出版社 2012 年版。

6.［赞比亚］丹比萨·莫约著,王涛、杨慧等译,刘鸿武校:《援助的死亡》,世界知识出版社 2010 年版。

7. 刘鸿武:《中非发展合作理论、战略与政策研究》,中国社会科学出版社 2011 年版。

8. 陈岩、马利灵、钟昌标:《中国对非洲投资决定因素:整合资源与制度视角的经验分析》,载《世界经济》2012 年第 10 期。

9. 程国强:《中国农产品出口:竞争优势与关键问题》,载《农业经济问题》2005 年第 5 期。

10. 程国强:《中国农产品贸易:格局与政策》,载《管理世界》1999 年第 3 期。

11. ［南非］马丁·戴维斯:《中国对非洲的援助政策及评价》,载《世界经济与政治》2008 年第 9 期。

12. 董艳、张大永、蔡栋梁:《走进非洲——中国对非洲投资决定因素的实证研究》,载《经济学(季刊)》2011 年第 10 卷第 2 期。

13. 高贵现、朱月季、周德翼:《中非农业合作的困境、地位和出路》,载《中国软科学》2014 年第 1 期。

14. 高贵现、周德翼:《免关税政策对中非贸易的影响分析及启示——基于免关税农产品的面板数据分析》,载《国际经贸探索》2014 年第 4 期。

15. 韩燕:《发展互利共赢的中非农业合作》,载《国际经济合作》2011 年第 5 期。

16. 何龙娟、陈伟忠、周新群、冯蔓蔓:《莫桑比克农业发展现状研究》,载《世界农业》2012 年第 11 期。

17. 贺文萍:《全球化与非洲政治发展》,载《中国农业大学学报(社会科学版)》2009 年第 26 卷第 4 期。

18. 贺文萍:《赞比亚、埃塞俄比亚和加纳考察报告》,载《西亚非洲》2010 年第 6 期。

19. 康永兴:《埃塞俄比亚农业发展问题分析及建议》,载《世界农业》2013 年第 3 期。

20. 李安山:《论中国对非洲政策的调适与转变》,载《西亚非洲》2006 年第 8 期。

21. 李嘉莉:《对加强中非农业合作的若干思考》,载《世界农业》2005 年第 5 期。

22. 李嘉莉:《中国与非洲农业合作的形态与成效》,载《世界农业》2012 年第 12 期。

23. 李小云、郭占锋、武晋:《中国农业发展对非洲的启示》,载《西亚非洲》2011 年第 8 期。

24. 李小云、武晋:《中国对非援助的实践经验与面临的挑战》,载《中国农业大学学报(社会科学版)》2009 年第 26 卷第 4 期。

25. 刘鸿武、王涛:《中国私营企业投资非洲现状与趋势分析》,《浙江师范大学学报(社会科学版)》2008 年第 33 卷第 5 期。

26. 刘鸿武:《非洲发展大势与中国的战略选择》,载《国际问题研究》第 2013 年第 2 期。

27. 刘曰峰、刘曙光:《中非农业合作研究综述》,载《西亚非洲》2010 年第 12 期。

28. 陆庭恩:《关于深入开展中非农业投资与合作的几点看法》,载《西亚非洲》2003 年第 1 期。

29. 逄增辉:《国际直接投资理论的发展与演变》,载《经济评论》2004 年第 1 期。

30. 裴长洪、樊瑛:《中国企业对外直接投资的国家特定优势》,载《中国工业经济》2010 年第 7 期。

31. 朴英姬:《中国对非洲出口产品潜力分析》,载《西亚非洲》2003 年第 6 期。

32. 齐顾波、罗江月:《中国与非洲国家农业合作的历史与启示》,载《中国农业大学学报(社会科学版)》2011 年第 28 卷第 1 期。

33. 任培强、黄梅波:《中国对非投资的出口效应分析》,载《国际经贸探索》2013 年 29 卷第 8 期。

34. 赛格、门明:《中国企业对非洲投资的政治风险及应对》,载《西亚非洲》2010 年第 3 期。

35. 孙东升、刘合光、周爱莲:《中非农产品贸易的结构与特征》,载《中国农村经济》2007 年第 11 期。

36. 唐正平:《前景广阔的中非农业合作》,载《西亚非洲》2002 年第 6 期。

37. 佟家栋:《国际贸易理论的发展及其阶段划分》,载《世界经济文汇》2000 年第 6 期。

38. 王晨燕:《对非洲农业援助新形式的探索》,载《国际经济与合作》2008 年第 4 期。

39. 肖光恩:《国际直接投资区位选择理论发展的新趋势》,载《亚太经济》2009 年第 2 期。

40. 杨文倩、杨军、王晓兵:《中非农产品贸易国别变化时空分析》,载《地理研究》2013 年 32 卷第 7 期。

41. 郧文聚:《21 世纪的中非农业合作》,载《西亚非洲》2000 年第 5 期。

42. 郧文聚:《从国际援助的发展看中国对非农业援助》,载《西亚非洲》2000 年第 2 期。

43. 郧文聚:《从援助到合作开发——展望 21 世纪的中非农业合作》,见:北京大学非洲研究中心编,北大非洲研究丛书——中国与非洲.北京大学出版社 2000 年版:302 - 307。

44. 郧文聚:《中非合作开发农业的战略选择》,载《中国软科学》1998 年第 12 期。

45. 张海冰:《发展引导型援助:中国对非洲援助模式探讨》,载《世界经济研究》2012 年第 12 期。

46. 周海川:《援非农业技术示范中心可持续发展面临的问题与对策》,载《中国软科学》2012 年第 9 期。

47. 周泉发、刘国道:《非洲小农经济状况与我国援非农业技术示范中心对策》,载《热带农业科学》2011 年第 11 期。

48. Abdulai D. Attracting Foreign Direct Investment for Growth and Development in Sub - Saharan Africa: Policy Options and Strategic Alternatives. Africa Development, 2007, 32(2): 1 - 23.

49. Brutigam D, Tang XY. An Overview of Chinese Agricultural and Rural Engagement in Ethiopia. IFPRI Discussion Paper 01185, May 2012.

50. Brutigam D, Tang XY. Economic Statecraft in China's New Overseas Special Economic Zones Soft Power, Business, or Resource Security. IFPRI Discussion Paper 01168, March 2012.

51. Brutigam D A,Tang X. China's Engagement in African Agriculture: Down to the Countryside. The China Quarterly, 2009, 199(9): 686 – 706.

52. Cali M, Te Velde DW. Does Aid for Trade Really Improve Trade Performance. World Development, 2011, 39(5): 725 – 740.

53. Collier P. Is Aid Oil An Analysis of Whether Africa Can Absorb More Aid. World Development, 2006, 34(9): 1482 – 1497.

54. Dadi L, Burton M, Ozanne A. Duration analysis of technology adoption in Ethiopian agriculture. J. Agric. Econ. , 2004, 55(3): 613 – 631.

55. Deng P. Why do Chinese rms tend to acquire strategic assets in international expansion Journal of World Business, 2009(44): 74 – 84.

56. Dimara E, Skuras D. Adoption of agricultural innovations as a two – stage partial observability process. Agric. Econ. , 2003(28): 187 – 196.

57. Doss C. Analyzing technology adoption using microstudies: Limitations, challenges, and opportunities for improvement. Agric. Econ, 2006, 34(3): 207 – 219.

58. Duo E, Kremer M, Robinson J. How high are rates of return to fertilizer Evidence from eld experiments in Kenya. Am. Econ. Rev. Papers Proc. ,2008, 98(2): 482 – 488.

59. Getnet K, Verbeke W, Viaene,J. Feasibility of on – farm commercial grain storage in the smallholder agriculture of Ethiopia. Outlook on Agriculture, 2005, 34(1): 41 – 47.

60. Heckman JJ, Vytlacil E. Structural equations, treatment effects, and econometric policy evaluation. Econometrica, 2005, 73(3): 669 – 738.

61. Kabunga NS, Dubois T, Qaim M. Heterogeneous information exposure and technology adoption: the case of tissue culture bananas in Kenya. Agricultural Economics, 2012(43): 473 – 485.

62. Kimura K. Outward FDI from Developing Countries: A Case of Chinese Firms in South Africa. IDE DISCUSSION PAPER NO. 385,2013:1 – 19.

63. King K. China's cooperation in education and training with Kenya: A different model. International Journal of Educational Development, 2010 (30): 488 – 496.

64. Liang W. China's Soft Power in Africa: Is Economic Power Sufficient Asian Perspective, 2012(36): 667 – 692.

65. Marenya P, Barrett C. State – conditional fertilizer yield response of Western Kenyan farmers. Am. J. Agric. Econ. ,2009,91(4):1124 – 1139.

66. Messaris B. The Political Economy of Indian and Chinese Foreign Direct Investment and Multinationals in Sub – Saharan Africa. Thesis presented in partial fulfilment of the requirements for the degree Master of Arts (International Studies) at the University of Stellenbosch, 2012.

67. Rajan RG, Subramanian A. What Undermines Aid's Impact On Growth. Nber Working Paper Series,Working Paper 11657,2005.

68. Ramasamy B, Yeung M, Laforet S. China's Outward Foreign Direct Investment: Location Choice and Firm Ownership. Journal of World Business, 2012, 47(1): 17 –25.

69. Wang C, Hong J, Kafouros M, Wright M. Exploring the Role of Government Involvement in Outward Direct Investment from Emerging Economies. Journal of International Business Studies, 2012, forthcoming.

70. Wang CQ, Hong J, Kafouros M, Boateng A. What drives outward FdI of Chinese firms Testing the explanatory power of three theoretical frameworks. International Business Review, 2012(12): 425 – 438.

71. World Bank. Building bridges: China's growing role as infrastructure financier for sub – Saharan Africa. World Bank annual reports, 2008.

后　记

　　本书是在笔者博士毕业论文的基础上写成的。选题来源于游良志教授和我的导师周德翼教授联合申请的国家自然科学基金项目"中国援助非洲农业的模式与绩效研究"。研究最困难之处在于如何顺利实施对非洲农业的实地调研。

　　经过文献梳理和研究，论文将中非农业合作的模式集中于中国对非洲的农业技术传递、中国对非洲农业的直接投资和中非农产品贸易三种模式。其中除了中非农产品贸易有足够的二手数据之外，其他两种合作模式都需要有一手数据。调研之前，首先要确定好调研对象，并对此做好充分的准备。

　　由于时间和经费的限制，课题组选择了埃塞俄比亚和莫桑比克两个国家作为调研对象。这两个国家的农业在非洲国家中具有代表性。一是从地理位置上，一国处于北非，另一国在南非；二是中国在这两国都建有中非农业技术示范中心；三是埃塞俄比亚的农业和中国有更多的相似性，中国对埃塞俄比亚的农业技术传递更有代表性，在莫桑比克还有中国最大的粮食作物投资项目。因此，中国对非洲的农业技术传递的农户调研选择在埃塞俄比亚，而中国对非洲农业直接投资的调研选择在莫桑比克，另外对农业技术示范中心的调研在两个国家同时进行。调研前还精心设计了调研问卷。

　　经过了机票、签证、疫苗、保险及学校的各种手续之后，开始正式赴非洲调研。考虑到莫桑比克的签证时效仅一个月，埃塞俄比亚的签证时效为三个月，且中国与埃塞俄比亚有直航飞机，课题组选择先行去埃塞俄比亚调研，然后去莫桑比克，之后再回到埃塞俄比亚，最后飞回北京。虽然准备充分，但由于非洲国家的特殊性，在飞往埃塞俄比亚途中，仍心有忐忑。

调研非洲农村，需要克服住宿、饮食、语言、疾病危险和与当地人交流等多重困难。在调研中期，由于课题组成员间就调研的重点产生了分歧，给调研的顺利进行带来了无形压力。不过在当地农业技术示范中心的帮助下，在课题组成员的团结协作下，调研得以顺利进行，并且与当地的一些民众建立了友好感情。

通过在非洲调研的这次经历，不仅加深了笔者对非洲农业的直观认识，也对中非农业合作的困难有了深切感受。此外，在非洲调研大大拓宽了笔者的视野，亲身感受到非洲经济发展的活力，不会忘记在莫桑比克中国农场30万亩农田面前激动不已的心情，也不会忘记在埃塞俄比亚嘈杂拥挤、充满各种牲畜气味的集贸市场中与人摩肩接踵的情景。这些都将成为美好的回忆。

从非洲调研回来之后，经过六个多月的笔耕不辍，博士论文终于完成并定稿。本书在博士论文的基础上又增添了新的数据，比如中国对非洲的投资数据和中非农产品贸易的数据，这些新的数据没有改变原文中的基本结论。

回顾这一切，笔者对所有关心、帮助和支持过我的单位和个人表示衷心的感谢！最后特别感谢河南省社会科学界联合会的《河南社会科学文库》的出版资助，此项资助直接促成了本书的出版。

高贵现
于洛阳师范学院商学院
2015 年 12 月